纪念江苏省木渎高级中学

发轫一百一十周年（1907—2017）

创办八十周年（1937—2017）

桃李灼灼立千秋

江苏省木渎高级中学校史

王海赳　主编
高一鸣　著

文匯出版社

校　对：

陈福荣

资料提供：

李宝林　沈　一　朱晓祥　杨　茵　朱理君

高　娟　周丽琴　曹建平　陆　弘

目录

楔子

江苏省木渎高级中学,位于苏州之西太湖之滨,居于有"秀绝冠江南"之誉的木渎古镇,与"天开平台竞灵秀"的灵岩山天平山为邻。

校园规模宏伟,背枕青山,林木葱郁,景色如画,既颇具江南园林风韵,又洋溢现代学苑气息。可谓集天地造化之灵气,聚吴中文化之菁莪,成书香氤氲之锦绣校园。

学校聚悠久优良办学传统,凝全体园丁的奉献才智,已发展成为一所文化底蕴深厚、师资素质上乘,教育质量一流、育人成效显著,在百姓心目中有良好声誉、在省内外有相当知名度的现代化名校。

江苏省木渎高级中学办学历史漫长。根据确切的档案资料显示:学校发轫于清末"立停科举以广新学"时期的1907年,创办于燃起江南抗日烽火前夕的1937年。是苏州及吴中区的一所历史名校,在苏州及吴中区的近现代教育史上占据重要篇章。

在学校110年一脉以传、80年薪火相传的漫长办学历程中,记录了一个个开明乡绅、仁人志士志于"兴学乡里""教育救国"的赤子情怀,书就了一页页艰难曲折、不屈不挠的创办历史,留下了一串串永不放弃、坚定前行的追寻足迹。谱写了从旧学到新学、从职业教育到普通教育、从一般学校到重点中学、从初铸辉煌到飞跃发展的灼灼历程。更造就了一个个怀璧抱玉育人无数的优秀园丁,走出了一批批学习成绩优异的优秀毕业生。在这些优秀学子中,有的成了各领域的杰出人才,有的成了各级国家干部,有的成了各行业的成功企业家,还有的成了国家科技界的精英、名扬世界的著名科学家。

历史是应当回眸的,应当记录的,更应当传承的。无论是古人还是今人,都十分重视记录历史。无论从国家、城市的层面,抑或是一个单位、一个学校,乃至一个家族,都历来会用"史""志""谱"等形式,记录记载令现人后人珍视敬

江苏省木渎高级中学风貌

仰的历史、事件、人物。

　　无论是江苏省木渎高级中学的 110 载流传脉线，还是 80 年创办历程，对每一个"木中"的教师、学生，那都是值得追忆留恋的历史。学校的变化更是值得记录的变化，学校的发展又是值得骄傲的发展。80 年岁月中，一年年一天天的往事、要事的印痕，所积累起来的厚重校史，就构成我们每个校友的"乡愁"，成为我们每个师生的精神"家园"。

　　往古者，所以知今也。历史是过去的影痕，也是明天的镜子。它照亮现实，也照亮未来。回望学校那创办、沿革、跋涉的不凡历程，可以使我们深思励志；总结学校凝结理念、锤炼师资、培养学生、提炼特色、提升质量等辉煌发展过程，可以让我们持续奋进。让我们从历史中得到思考，汲取力量，励精图治，共同谱写学校明天的辉煌。

木渎古镇

一、古镇自古重教化

　　江南水乡古镇木渎，别名渎川，雅称香溪。地处长江三角洲，位于苏州城西，太湖之滨。相传春秋末年，吴王夫差建馆娃宫筑姑苏台，源源而来的木材堵塞河流，"木塞于渎"，木渎之名由此而来。木渎镇历来为吴县辖地，已有2500余年历史，与苏州古城同龄，历史悠久人文昌盛，素有"吴中第一镇"之誉。

　　木渎曾经是春秋吴国的重要都邑，是吴文化的孕育之地。2009年，中国社会科学院考古研究所、苏州市考古研究所在木渎及胥口、穹窿山一带进行考古调查和发掘，发现和证实在木渎灵岩山、天平山、五峰山一带的山间盆地内，存在一

木渎春秋古都遗址

座春秋时期具有都邑性质的大型古城遗址。根据考古工作者的考证，确认古城遗址为春秋"吴之故都"。木渎"春秋吴故都"遗址的发现，被列为中国社会科学院"2010年度中国六大考古新发现"，国家文物局"2010年度全国十大考古新发现"。

木渎"春秋吴故都"遗址，有完整的城市结构：遗址外，是东西两道长长的城墙，城墙外侧遗有一条护城河，古河道穿过城墙水门，连通城内外，构成完整的城市水系，设计与建造十分科学。古城内，有一座疑为王都的小城遗址。小城内挖掘出235处尚存土墩，均保存有东周时期的大型建筑基址，说明古城遗址曾为一座构造规模很大的都城。城址周边，还有大量两周时期的聚落、墓葬、玉器窖藏等文化遗存，形成附属都城的卫星村落群。

"春秋吴故都"遗址的发现，证实木渎在春秋时期极有可能是居于春秋列国霸主地位的吴国之都城。从而证明，2500年前，春秋吴国的政治、经济、文化的中心，就是在木渎。同时证明，木渎也是源于春秋时期的吴文化发源地。这一重大发现，把吴中、木渎的文明历史地位一下推向了一个全新高度，为今天吴中、

孙武像　　　　　范仲淹像　　　　　沈德潜像

木渎的经济、文化和城市建设发展提供了新的地位和空间依据。

吴中区委、区政府十分重视吴文化对吴中社会、文化、经济发展的重要影响和作用，把吴中区的发展定位为"根植吴文化，发展新吴中"。而吴文化的"根"，就植在木渎地区这片广袤的土地中。

吴文化之源，是教育。教育萌生了吴文化，发展了吴文化。要了解木渎的吴文化内涵，就必须了解木渎的教育历史。只有真正了解木渎的教育历史，才能真正了解"吴文化"。让我们启开木渎教育肇始之门，去深入了解木渎的教育历史。也在寻根问祖的过程中，借以了解江苏省木渎高级中学的办学历史——

自古至今，木渎地灵人杰，文人荟萃，鸿儒辈出。许多教育名人皆出自木渎，历代皆有名绅名士在木渎治学、著书、办学，造福一方——

春秋时，有军事教育家孙武在穹窿山著就闻名中外的《孙子兵法》，开创以"吴宫教战"为名的军事教育。

西汉时，有家贫喜读书的朱买臣说《春秋》言《楚辞》，他在木渎附近的藏书之地，即名为"藏书"。东汉时，有梁鸿避居木渎潜闭治学著书，其与妻子孟

《校邠庐抗议》书影

光相敬如宾的故事流芳千古。北宋时，有政治家、教育家范仲淹在木渎天平山下边守墓边治学著书。

明代时，有"吴中四杰"杨基在木渎著《论鉴》，思想家徐枋隐居木渎潜心画学。清代时，有汪琬结庐尧峰闭门著书；叶燮寓居横山著书讲学，培养人才无数；著名诗人沈德潜在木渎潜心诗学，严谨治学。

清乾隆时，有状元毕沅在木渎著书恤民。继有道光时榜眼冯桂芬在木渎编志史、倡修学、掌书院、好慈善。清末有朝廷重臣顾肇熙捐资办新学，谓为开风气之先。

木渎历来是重教之地，传文之邦。北宋庆历年间，有范仲淹在天平山设义学义塾教化族人泽被乡里。北宋治平年间，办有传授老子道德学说的富春道院。宋至元代，有学者在木渎山水间设天池书院、太湖书院。

明清时期，木渎镇乡均有乡绅办私塾义塾。至清代，从嘉庆年至同治、宣统年，皆有巡抚、县丞等地方官吏及里绅在木渎创办义学、义塾及识字学塾，使许多木渎贫寒子女得以开蒙启智。

　　《吴县志》记载："木渎义学，清嘉庆十六年吴县县丞李再涑倡建，二十四年里人庠生周孝垓重修，咸丰十年毁。"

　　至19世纪中后期，此时，清朝廷腐败无能，中国的科举旧学已走向了封闭僵化，成为严重阻碍中国发展，乃至把国家引向倒退的教育。而外国先进的科技与教育像狂风巨浪，对中国腐朽的科举旧学发起了冲击。

　　木渎人氏冯桂芬，被历史界评为我国近代进步知识分子的代表。冯桂芬在其所著的政论代表作《校邠庐抗议》中，以昂扬的爱国激情揭露时风的没落腐败，抒发国家因落后而遭受外侮的愤慨："有天地开辟以来未有之奇愤，凡有心知血气，莫不冲冠发上指者，则今日之以广运万里地球中第一大国而受制于小夷也。"

　　冯桂芬率先提出了"改科举、兴新学"的建议，首倡"以中国伦常名教为原本，辅以诸国富强之术"，提出"学西方、谋自强"的论纲。认为：只有学洋人之长技为自己之长技，"始则师而法之，继则比而齐之，终则驾而上之"，才可"雪从前之耻，复本有之强"。他的论述成为维新洋务派"中学为体，西学为用"思想的蓝本，启开了清朝廷实施新政倡导新学的厚重大门。

　　20世纪初，在中国实行了1300年的科举制度退出历史舞台。在官方大力操办，以及社会、士绅等各界人士共同参与下，新学之潮在苏州渐次勃然兴起，从1900年至1911年，古城苏州有各类小中学堂近百所。

　　而素重文明与教育的木渎，在新学潮到来时，也随潮流而起，出现了"劲吹新学风"的办学新气象，木渎古镇上，渐次办起了一所所实施新学的新式学堂。

二、新学之风拂古镇

19 世纪末，外国列强虎视眈眈侵我中华国土，逼迫昏庸腐败的清朝廷签订一个个不平等条约。甲午战争后，在国土被割政权将倾之际，清朝廷无奈之下，欲通过实施新政引进西方新学以改变中国积贫积弱之状。

1898 年，清光绪皇帝有意于维新图强，宣布实行"百日维新"，同时对教育进行"博采西学"的改革。百日变法失败后不久，听政的慈禧太后晓知学西学是重振国力的唯一之路，遂又于 1901 年敕令重行"新政"，其中实施新学是"新政"的重要内容，各府、厅、州均设中学堂，各州、县均设小学堂，中国的教育由此进入了废除旧学与倡导新学的嬗变时期。

在清末朝廷决意在全国推行新学的重要历史时刻，向有崇文重教传统的苏州立领潮流之先，无论地方官吏还是在野士绅，均身体力行，大力推行新学，一时在苏州城乡各处，掀起办学之潮，各种实施普通教育与实业教育的中小学堂及幼稚园如火如荼地兴办起来。

木渎镇的开明乡绅，皆以改良主义先驱人物冯桂芬的"学西方、谋自强"之说为启导，纷纷追随苏州城中办新学的热潮，积极掀起兴学之风。

木渎为吴县所辖城镇，根据朝廷"三段六级"的办学体制规定，宜办属基础教育的高、初级小学堂及蒙学堂。木渎的地方官吏、士绅相继办了多所小学堂及蒙学堂、幼稚园，其中还办有分学堂、女子小学堂、简易识字模范学塾。在清末的 1804 年至 1911 年，木渎镇上开办的实施各类级别新学的学堂、幼稚园，一共有十余所。

在木渎镇上最先创办的小学堂，是木渎公立初等小学堂（现木渎实验小学前身）。学堂创办于清光绪三十年（1904）七月。时朝廷于 1901 年颁布以办新学为主体的"新政"，1902 年颁布注重国民基本素质的提高、鼓励民间各界办新学的《奏定学堂章程》（因 1902 年为壬寅年，故又称《壬寅学制》）。

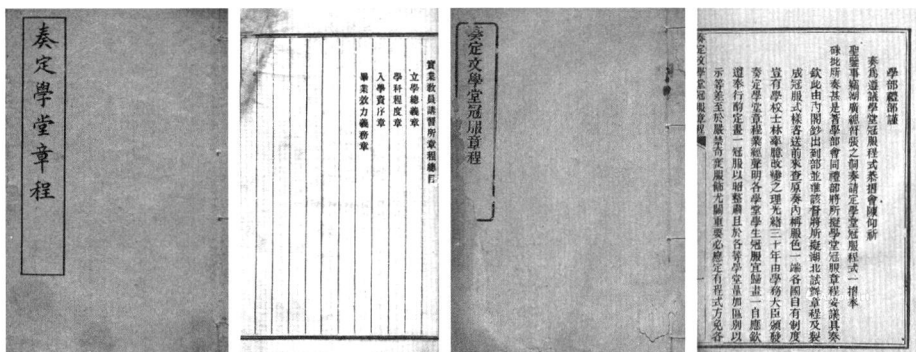

《奏定学堂章程》书影

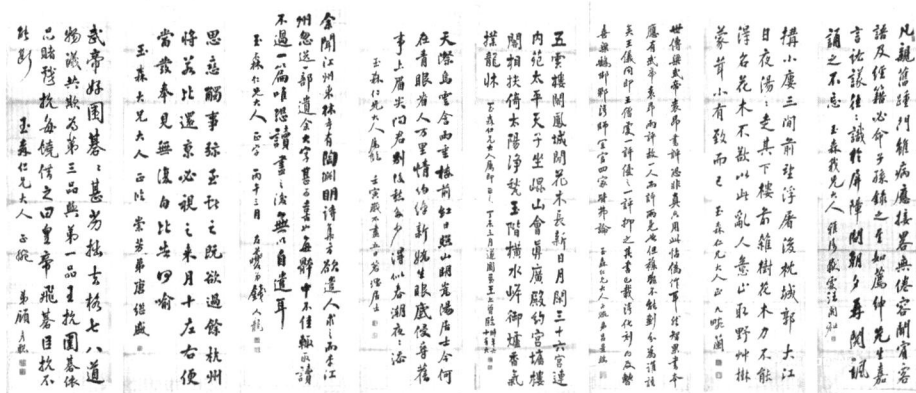

顾彦聪手迹

木渎公立初等小学堂，是木渎籍朝廷重臣顾肇熙回乡省亲时，为响应朝廷倡办新学的"新政"，慷慨捐资所办。《木渎镇志》记载：光绪甲辰（1904）就里中创办小学堂，独开风气之先，捐巨资不赀。

顾肇熙又让儿子顾彦聪牵头筹备办学堂事宜。学堂创始人还有柳宗棠、冯心支等木渎本地乡绅。学堂开办后，顾彦聪任学堂正堂长，柳宗棠为学堂副堂长。

木渎镇的乡绅为顾肇熙带头捐资办学的义举而感动，也踊跃追随捐资办学。作为镇衙门分管税务的厘局，也为支持朝廷"新政"兴学计，同意让木渎的采石宕户以交纳的石料石屑捐，作为学堂办学经费，以助学堂早日建校舍以维持小学。

木渎公立初等小学堂办成后，因乡绅助学热情高，入学童子甚多，遂"逐年推广学额，添建校舍，后添设高等班"。一时属在苏州"初等小学中规模颇为完备"之学堂。（见清末民初《吴县志》）

在此要补充一提的是，作为木渎公立初等小学堂创始人之一的乡绅冯心支，其办新学之初心始终不泯，在1944年时，他又与木渎名医叶玉如等发起成立私立灵岩中学。私立灵岩中学也即后为江苏省木渎高级中学的前身之一。

清光绪三十一年（1905），时任江苏巡抚陆元鼎在清朝廷颁布立停科举诏后，为普及新学小学教育，在苏州城乡办20所官立初等小学堂，其第十九初等小学堂即延办于木渎的韩蕲王庙中。其办学经费列入江苏官衙办学经费项下。

清光绪三十一年（1905）五月，有木渎乡绅陈文桢、王澄、陈祖基等在木渎善人桥的上塘，举办了公立善人桥初等小学堂。其办学经费来自向穹窿山道院收取的醮捐，向百姓收取的柴捐、木捐，还有向在灵岩山周边乡村制作"澄泥砚"的村民收取的砚台捐。

清光绪三十二年（1906）八月，有木渎本地商人周福元在木渎石码头举办了公立焦山初等小学堂，专门招收在石码头开采金山石石匠的子女入学，让孩子们读书识字。

其后，在清光绪三十三年（1907）、三十四年（1908），宣统元年（1908）、三年（1911），木渎镇上，又先后办有木渎香溪初等小学堂、私立竞秀女子初等小学堂、木渎女子小学堂，及乡村分学堂、幼稚园等。

清光绪三十二年（1906），清朝廷为在城乡普及新学，动员各地绅富支持新学堂之创办，专门出台《学务纲要》，提出"劝谕（各地）绅富广设小学堂"，"籍绅之力，以辅官之不足，以谋教育普及"。并在各地专门设立学务公所及劝学所，筹划普及教育之事。为响应和落实朝廷敕令普及新学事，苏州设立了学务公所，吴县设立了学务公所。

1907年1月，曾创办过木渎公立初等小学堂的木渎籍官绅顾肇熙，此时已辞官归隐乡里，他又积极响应吴县学务公所"籍绅之力……以谋教育普及"之劝谕，带头慷慨捐资，并牵头本镇乡绅，共同在木渎举办了公立灵岩初等小学堂。

这个先后于1904年、1907年两次在木渎牵头办学的官绅顾肇熙，究竟是何等人物？

顾肇熙（1841—1910），吴县木渎人。同治甲子举人。1880年（光绪六年），顾肇熙在李鸿章的保奏下，被任命为吉林分巡道道员（相当于负责防务的省长）。任职时，即在吉林修学宫建义学，还兼任吉林崇文书院山长，亲自上课讲解经世之学

顾肇熙

及百家之书。

顾肇熙后又任陕西盐法道、福建任按察使衔分巡台湾兵备道。1894年，福建与台湾分省，顾肇熙升任台湾布政使，并负责处理与日本的关系。1895年，清朝廷与日本签订条约，台湾主权被割让给日本。朝廷任命顾肇熙为处理割让事宜的全权大使。顾肇熙知道此事关系到国土沦丧，自己如应允此差事，将会背上"卖国贼"之骂名。他奏称"受瘴抱病，乞准回籍就医"，毅然卸职弃位他走。

顾肇熙于1906年正式辞官。隐居家乡木渎时，他把一腔热血洒于在乡里办学堂、办慈善之中。他主动上书苏州巡抚，请求在木渎镇成立主管"修造桥梁、掩埋暴露、施送衣药、督办学堂"事宜的"自治会"。凡木渎镇上所办的公立、私立学堂，顾肇熙无不一一过问，遇有问题即亲自督办。凡办学资金有困难，顾肇熙慷慨"捐巨资不赘，独开风气之先"。

公立灵岩初等小学堂（1907.1—1912）

于1907年1月创办的公立灵岩初等小学堂，即是由顾肇熙辞官隐居木渎时捐资创办的。所办学堂的校址在木渎镇南山塘街之西隅。

其校址承载颇多办学历史的印痕：据木渎镇史记载，在一千年前的北宋治平年间，在此曾建有一所专门传授老子道德学说的"富春道院"。至清同治年间起（约1870）的一百余年前，在此曾办有作为慈善机构的"保节局"，及由"保节局"所办的义塾。

顾肇熙之所以选择在"保节局"办学，并将义塾改办为实施新学的学堂，是因"保节局"及义塾原由冯桂芬及其子创办。而顾肇熙素来敬仰冯氏父子举慈善办义学之高风，办学后，为体现他倡导的"寓善举于兴学中"，施行凡木渎城乡贫苦的寡妇子女入灵岩初等小学堂读书，一律可免费入学，并提供适当补助。公立灵岩初等小学堂的办学经费，仍然用原义塾月费，再加肉捐、茶捐，不敷之款以保节局经费拨给。附近乡间的贫苦寡妇也纷纷将子女送来入学。因学生增多，治学局促，顾肇熙慷慨出资，增建教室五间，又开辟了一片让学生做操与活动的操场。

说到木渎的"保节局"及义塾，我们要说说木渎镇上的"大人物"冯桂芬及他的儿子了。因为，"保节局"及义塾，就是由冯桂芬及长子冯芳辑次子冯芳植共同创办的。

冯桂芬（1809—1874），清末朝廷重臣，政论家。明时起其祖即移居吴县木渎。他是晚清提出"中学为体，西学为用"思想的先导者。但很少有人知道，

木渎山塘街旧影

冯桂芬还是我国近代史上创导"教养并立"慈善理念的第一人。

冯桂芬归隐吴中木渎后,除主讲苏州紫阳、正谊诸书院,开办志局,编《苏州府志》外,他最为关注和做得最多的事,是创办慈善机构。他与长子冯芳辑(进士,曾官至监察御史)次子冯芳植(举人,曾官至州府知府)创办"同善会",动员吴中"富厚之家乐于为善,普建善堂"。

冯桂芬及子所办的慈善机构,有专门向贫民施济药品与棺材的"一仁堂",专门向灾民施舍米面的"丰备义仓",专门教化富家不肖者的"洗心局",专门为孤苦老人养老送终的"保息局",专门收养贫病妇女的"女普济堂",专门收容妓女的"化良局"。

冯桂芬与两个儿子还在木渎设立慈善机构,就是专门为抚恤丧夫守节的寡妇而设的所谓"保节局"。"保节局"专门设有为寡妇提供抚恤经费的义田,设有让寡妇接缝补活以养家糊口的女红社,还出资为至死不嫁的寡妇立弘扬封建贞节的牌位、牌坊。

冯桂芬逝世后,长子冯芳辑继承父亲遗愿,专门在"保节局"中设供贫苦寡妇子女免费读书的义塾,《吴县志》记有:"(冯芳辑)立义塾以惠孤寡,尤好结纳,有原尝之风。"

自冯桂芬及子冯芳辑、冯芳植相继去世后,"保节局"日渐衰落,依靠冯氏后人勉强支撑门面,尤其是所设义塾,因经费吃紧,时有撤办停办之虞。幸亏有顾肇熙在1907年时牵头捐资,将义塾改办为学堂,才使琅琅读书之声继续在古镇的山塘街上响起。

冯桂芬

1911年,清朝覆灭。民国南京临时政府教育部宣布撤销清政府官办的学堂,接收公立学堂,改办为学校。

1912年2月,民国吴县教育部门根据南京临时政府教育部撤销清朝学堂的决定,将公立灵岩初等小学堂与木渎公立两等小学堂、木渎香溪初等小学堂撤销合并,在原道堂浜校址将学堂改立为由吴县教育局直接管理的公立小学校。

1915年,原由吴县教育局管理的木渎公立小学校,由苏州市教育局接管,称苏州市立木渎两等小学校。

创办于清朝末期的公立灵岩初等小学堂,自1912年因政权更迭原因而撤销停办后,其原在木渎山塘街保节局内的校址就一直闲置不用。

历史的因缘就是如此奇妙:位于山塘街保节局的原公立灵岩初等小学堂校址,在闲置了25年后的1937年初,又由木渎爱国乡绅严良灿、冯肇桂等办了一所学校,这是一所专门为因战乱而失学的青少年办的学校。

1937年1月,原山塘街保节局闲置多年的校舍大门上,挂起了"私立吴西初级职业中学"的校牌。

三、危亡前的一束希望火焰

私立吴西初级职业中学（1937.1—1937.12）

1937 年的初春，行走在木渎山塘老街上的居民发现：荒芜闭门已达 25 年的山塘街保节局老校舍的门口，挂上了"私立吴西初级职业中学"的牌子，校园中又有了老师学生进出的身影，又听到上下课的钟声和孩子们琅琅的读书声。

学校师生与木渎的百姓把开设在保节局老校舍内的"私立吴西初级职业中学"称为"吴西中学"。

1937 年的初春，是不平常的岁月：此时，日本鬼子陈兵华北，逼近上海，随时有发起战争之虞。一向平静的苏州古城及木渎古镇的上空，已笼罩着战争将临灾难将至的阴云。在这样的紧张局势前夕，严良灿、冯肇桂等木渎乡绅们，为什么要创办一所学校呢？

1937 年春天的古城苏州，春寒料峭，朔风刺骨，感受不到一丝丝的暖意。苏州城乡老百姓每天都在打听"东洋鬼子会不会打过来？会不会轰炸苏州？"处于惶惶不可终日的状态。

自 1932 年起，江南大地就被战火笼罩。日本侵略者继 1931 年发动九一八事变侵占我东北三省后，又在 1932 年 1 月 28 日在上海闸北向中国军队发动进攻。国民党第十九路军将士奋起抵抗，一二八淞沪抗战爆发。战火很快燃到了昆山、太仓。李根源带领苏州爱国士绅，将淞沪抗战中牺牲的 79 位烈士从上海移灵到苏州，并安葬在木渎马岗山麓时，一向喜欢安宁的苏州百姓就再也平静不下来了。

1936 年 6 月，日本天皇批准《帝国国防方针》，制定妄图侵略整个中国的侵华计划，并在上海吴淞江口陈兵数十万军队。1937 年 4 月，著名抗日将领冯玉祥到苏州视察，向民众发表抗敌演讲，希望苏州各界人士及百姓动员起来，警惕日本侵略者随时挑起战争。

严良灿　　　　　　冯肇桂　　　　　　《国耻写真记》书影

　　在战争阴云弥漫之时，近邻苏州古城的木渎镇乡一带，俨然已成为战争前夜的后方地。苏州城里的许多市民及士绅纷纷避居木渎附近的穹窿山、善人桥的山里乡下。避居在小王山善人桥的国民党元老李根源、张一麐，组织乡绅开展抗日救亡运动，进行以提高乡民觉悟的农村改进活动，举办普及农村教育的学校。

　　木渎爱国乡绅严良灿、冯肇桂等，也参与到李根源、张一麐等志士们组织的抗日救亡运动中。

　　这里，我们花一些笔墨，简略介绍一下木渎爱国乡绅严良灿、冯肇桂——

　　严良灿（1874—1942），字子绚，木渎著名民族工商实业家，是木渎首富严国馨的长子，也是木渎"严家花园"的少主人。他是曾任台湾国民党政府副总统、行政院院长、总统严家淦的大伯。严良灿子承父业在木渎经商，先后开设了酱行、粮油酒酱店、中药店、碾米厂、发电厂，成为木渎一方巨富。

　　但严良灿富而不奢，毕生乐善好施为民造福，在木渎成立了"善济堂""救火会"等机构，致力慈善公益事业，甚至拿出自己的18所房屋，供慈善公益机构之用。严良灿又注重乡村教育，拨出自己经商所赚的钱款，买田300余亩作为学田，以为木渎所办义学的经费来源。

冯肇桂（1900—1944），木渎人，爱国乡绅。少年时，在顾肇熙办的木渎公立初等小学堂读书，后毕业于江苏省立第二中学（现苏州一中）。

民国18年至21年（1929—1932），曾任吴县第十八区（香山区）区长。而后赴日本留学。回国后，与苏州爱国文人组织"白社"文学社，举办爱国刊物，发表《国耻写真录》等呼吁反帝救国的文章，参与家乡木渎的抗日救亡运动。

同时，与严良灿等共同决议创办一所为失学青少年教授农业职业技能的学校，以表达"教育救国、实业救贫"的爱国爱乡之忱。

冯肇桂与严良灿、金荣初等多名热衷办学的乡绅，共同组成校董会。严良灿率先拿出数千银圆，作为筹办学校的资金。校董会决议，即以山塘街保节局闲置的原灵岩初等小学堂校址为办学场地，并向吴县教育局提出办学申请。

因当时木渎属吴县吴西区管辖，吴县教育局批准严良灿等申请创办的学校，定名为"私立吴西初级职业中学"，并根据木渎历来为农耕、桑蚕区的情况，批准职业中学所设教学专业，初设农垦、农蚕两个专业。

吴县教育局还同意拨借山塘街保节局闲置校址供"私立吴西初级职业中学"办学之用。

办学申请批准后，严良灿即亲力亲为，出钱将保节局闲置校园整修一新，置备了4间教室，100多张课桌椅。

1937年1月25日，私立吴西初级职业中学（当地百姓称私立吴西中学）正式创办，并对外招生，主要招募木渎镇乡失学青少年入学。有案可查的教师有：冯心友、曹尧臣、张麟书、庄云沐、冯秋农、王孝斌、陈伯奋。

私立吴西初级职业中学，也是木渎地区近代教育史上第一所实业教育性质的中学。

私立吴西初级职业中学开办后，因战火即至，仅招收到20余名学生入学。办学不到半年，时局急转直下，1937年7月7日，卢沟桥事变爆发，全面抗战开始。战火很快燃到长江以南和上海、苏州。

苏州城乡各界市民同仇敌忾投入到抗敌救援活动，纷纷成立抗敌后援会。1937年7月23日，严良灿、冯肇桂等木渎爱国士绅闻风而动，与学生、民众等成立了木渎各界抗敌后援分会。严良灿、冯肇桂等还带领吴西初级职业中学的师生参与到抗敌后援活动。

1937年8月起，冯心友担任私立吴西初级职业中学校长。

1937年8月15日，淞沪会战爆发。8月16日，苏州就被战火笼罩：24架日机轮番轰炸苏州城，阊门外兵营和城内道前街、西善长巷、学士街一带均一片火海，死伤 500 余人。

因苏州城接连遭日机轰炸，从 1937 年 8 月起，苏州城里人纷纷到木渎光福等乡间避难，其中有大批妇女儿童。由严良灿领头组织乡绅成立吴县民众救护委员会和妇孺收容所，救护因伤病滞留木渎的难民，收容逃难无宿的妇女儿童。

至 1937 年 10 月，日机连续轰炸苏州城区达 130 余架次。阊门、金门、葑门、齐门、石路、道前街、观前街、火车站等处，苏州城里屡遭轰炸，共死伤数千人。

就在苏州城里被日机轰炸的第二天，1937 年 11 月 16 日，日机把罪恶的炸弹投到了木渎。木渎大半个镇的房屋起火，一时大火冲天，哭声不绝。

位于木渎山塘街的吴西初级职业中学，也遭遇日机炸弹的轰炸，校园中，墙壁倒塌，校舍起火，刚刚成立半年的学校遭遇毁灭性打击。师生们面对废墟，欲哭无泪。

1937 年 11 月 21 日，苏州沦陷。严良灿、冯肇桂、冯心友等办学人以誓死不做亡国奴的悲壮心情，含泪告诉同学们：学校即日起停课！

1937 年 12 月，吴西初级职业中学正式关门停办。冯心友任校长仅 4 个月。20 余名学生也仅仅学习了几个月，初学到点滴的农垦、农蚕专业知识。学生们各自流落于战乱之中。

吴西初级职业中学，是由木渎本地爱国乡绅，抱着为危亡的中国培育实业人才的志向，在国家即将沦陷的时刻，在古镇举起了一束"教育救国、实业救贫"的火焰。尽管那小小的火焰在敌机炸弹的轰炸下熄灭了，但是学校的创办人把教育兴国的希望留给了后人，为木渎的现代教育留下了不息的火种。

这所创办于抗日烽火燃起之前夜，又在日机轰炸下被迫停办的吴西初级职业中学，当是江苏省木渎高级中学创办中学时段教育的最早前身。以私立吴西初级职业中学 1937 年 1 月成立之时起，至 2017 年为计，江苏省木渎高级中学的办学历程已逾八十年。

四、追溯木渎高级中学办学之源

但不可回避的是，在私立吴西初级职业中学 1937 年创办之前 30 年，即 1907 年，就在吴西初级职业中学办学地——"山塘街保节局"的同一校址里，有木渎爱国官绅顾肇熙等，响应朝廷广设新学堂及在城乡普及教育之敕，而创办过公立灵岩初等小学堂。直至 1912 年，公立灵岩初等小学堂因清朝的覆灭而撤销，办学时间达 5 年。两校一撤（1912）一立（1937）的相差时间，为 25 年。

而在一千年前，这同一校址，曾在北宋年间开设有一所传授老子道德学说的"富春道院"。"山塘街保节局"那个地方，可称千百年来文脉绵延、书风不绝。

纵观我国学校之校史起始，可以以创办、沿革岁月的脉线为宗，即所谓同宗；也可以以在同一地创始办学的校址为源，即所谓同源。学校的沿革脉络可以同宗同源，也可以同宗不同源，同源不同宗。

追溯中国近现代教育史，自清末兴新学以来的百余年里，我国的许多大中小学在办学过程中，因教育管理体制、教育管辖区域的改变等诸种因素，就屡屡有校址变迁、管辖调整、校名更改、合并办学、体制变动等种种事端的发生，造成一些学校办学沿革的脉线绵延繁杂。这也是中国教育发展史和学校办学史中的一个鲜明而显著的特点。

但这些学校在编写办学史时，均没有因这些错综复杂的事端发生而割裂自己的办学沿革过程，否认自己的办学历史。而是在考证最早的办学地、在追溯学校沿革历程中，寻找学校的前世，确认学校最早来自何地何时，在寻根问祖中定位学校的创办之源。

在此，谨以苏州的几所百年老校是如何确定学校办学史为例，加以说明：

首先，以百年老校的江苏省苏州中学为例：以江苏省立苏州中学为名的成立时间实为 1927 年。学校是以江苏省立第一师范学校、江苏省立第二中学、江苏省立苏州工业专科学校合并而成的。江苏省苏州中学前身之一的江苏省立第一师范

苏州中学

学校，其前身是 1904 年成立的江苏师范学堂，而江苏师范学堂的前身，是 1713 年成立的紫阳书院。紫阳书院的前身，是 1035 年由范仲淹创立的苏州府学。

由此，苏州中学将办学历史追溯到 1035 年创立的苏州府学，及 1713 年成立的紫阳书院，及在 1904 年由紫阳书院改办的江苏师范学堂。苏州中学的办学史，由此就上延到了一千年（府学）及 300 年（旧学）和 110 余年（新学）。苏州中学把学校的办学历史，概括为"千年府学，百年新学"。

再次，以百年老校的江苏省苏州第一中学为例：学校前身是 1907 年创办于古城草桥堍的苏州公立第一中学堂。而在 1901 年，江苏巡抚衙门将在沧浪亭侧可园中办的正谊书院改办为苏州府中学堂。而苏州府中学堂前身的正谊书院创办于 1805 年。清朝覆灭后，苏州府中学堂并入草桥堍的苏州一中。于是，苏州一中将办学历史追溯到 1805 年创办的正谊书院，及于 1901 年由正谊书院改办的苏州府中学堂。

由此，苏州一中的办学史，是以草桥堍的校址为据，以 1907 年成立的苏州公立第一中学堂，作为正式创办年。学校把办学历史追溯到 1805 年创办的正谊

苏州一中旧影风貌（绘画：高一鸣）

书院（旧学），1901 年创办后合并到苏州一中的苏州府中学堂（新学）。苏州一中把学校的办学史，概括为"双百书院，百年一中，世纪草桥"。

我们还可以苏州市职业大学的办学史为例：苏州市职业大学是于 1981 年经省、市政府批准正式成立的。苏州市职业大学创办时，校址设在三元坊的吏库弄。

苏州市职业大学校方以苏州官方曾于 1911 年以此地的同一校址为址，成立了官立苏州中等工业学堂（1912 年改为江苏省立第二工业学校）为据，把学校办学史追溯到了 1911 年。由此，苏州市职业大学把学校定位为百年老校。苏州市职业大学也因此成了江苏省办学历史最悠久的职业大学之一。2011 年，苏州市职业大学隆重举行学校成立 30 周年暨创立 100 周年的校庆活动。

追究江苏省木渎高级中学的校史，考证一下学校最早的办学地——木渎山塘街保节局的校址，最早是于上世纪初的 1907 年，即已在此地址创办了实施新学的学堂（公立灵岩初等小学堂）；至上世纪中期的 1937 年，也在同一校址中办了实施职业教育的中学（私立吴西初级职业中学），应属同一地而不同一时办学，存在学校创办沿革上的绵延有序的明显痕迹。

自公元前 221 年秦朝设吴县，木渎即隶吴县。千百年来，吴县都与苏州郡城同一城而治，素无独立建制的县城。自秦朝以后，木渎历来是各个朝代的基层政权驻地。清末及民国初期，木渎皆属县下辖区镇。

木渎虽地理位置重要，交通便捷，商业繁盛，但并非是县府衙驻在镇，又因毗邻苏州城区，在办学布局上，历来只设实施基础教育的小学，并不设实施中等教育的中学。木渎的学子在完成小学阶段学习后，除少数富裕家庭子女能到苏州城里继续就读中学，大多数只能辍学以务农务工谋生计。

尽管木渎由于地理与行政区辖所限，素不设中学，但是木渎的基础教育历来雄厚，在小学教育上也素与中等教育贯通。解放后，木渎的小学师资也常与中学师资融通互换（如 1958 年时，就有原木渎小学校长被任命为木渎中学副校长），因此不能以其前身（公立灵岩初等小学堂）为小学阶段教育性质，而否定其在办学史中相承有序一脉贯通的关系。

私立吴西初级职业中学后世的江苏省木渎高级中学，如今虽然搬迁至灵岩山麓办学，但是，不可否认，江苏省木渎高级中学的办学之"根"，就是在木渎山塘街保节局的旧校址。

木渎山塘街保节局这个地址，应是江苏省木渎高级中学最早的办学地，也即是江苏省木渎高级中学办学的渊源之地。

而且，在木渎山塘街保节局旧校址的背后，一千年前，曾办有"富春道院"，是老子道德学说的传承之地。百余年中，相继有着首倡"西学为用中学为体"思想的冯桂芬父子举慈善办义塾的乡愁故事，有着名宦顾肇熙怀民族大义辞官回乡热衷办新学的难忘故事，有着爱国乡绅严良灿、冯肇桂等在抗战烽火即燃时仍不忘教育救国的悲壮故事。

因此，我们在编写江苏省木渎高级中学校史时，切不可忘记名为"木渎山塘街保节局"的旧校址。这个校址，就是江苏省木渎高级中学办学渊源之根。

不可抹杀的考证史实告诉我们：如办于山塘街保节局的公立灵岩初等小学堂立校岁月为 1907 年 1 月，那么，江苏省木渎高级中学的办学起始年月可以追溯到 1907 年 1 月。由此推算，至 2017 年，江苏省木渎高级中学的办学历程，则可以上推整整 110 周年。

正确表述江苏省木渎高级中学的办学之源、创办之始，应该如此表述：

江苏省木渎高级中学源于新学初兴，办学始于抗战前夕。江苏省木渎高级中学办学历史为：发轫 110 年（1907—2017），创办 80 年（1937—2017）。

江苏省木渎高级中学，当可列为苏州及吴中地区近现代教育史上创办最早的百年老校之一。

五、赤子情怀济乡办学

私立灵岩初级中学（1945.9—1947.8）

我们把时光回溯到抗战胜利的那一刻：1945 年初秋。

1945 年 8 月—9 月，是木渎镇结束 8 年战火与离乱的难忘时光。1945 年 9 月，一所名为私立灵岩初级中学的普通中学迎着抗战胜利的曙光在古镇成立。

私立灵岩初级中学，是由木渎名医叶玉如先生发起创办的。

叶玉如先生目睹木渎镇经过多年战火，许多学校破碎不继，一些适龄学子没有读书之地，甚为焦虑。他本着"医者仁心，济贫助学"之愿，于 1944 年冬，纠合了几个热衷教育之士，一起商量办学之事。其中包括曾参与创办木渎公立初等小学堂人的冯心支，还有惠永熙等乡绅。

叶玉如先生与众乡绅首先发起组织了筹建学校的基金募捐会，发动木渎各商界捐助办学，又从木渎镇公款公产处提出一笔钱。办学基金的集募初步落实后，该办什么样的学校呢？叶玉如先生认为：木渎镇自清末推行新学，已办有多所公立私立的小学，但木渎镇因不是县府所在镇，从来就没有办过一所中学。本镇本地学子于小学读成后，如要继续读中学，就必须上苏州城。

叶玉如先生与乡绅一致认为，原富庶的鱼米之乡木渎经战乱之殇已百废待举，如志于兴学，应从办一所中学开始。于是提议办一所实施普通初级教育的中学。

经商议，所筹备的中学校名定为"私立灵岩初级中学"。私立灵岩初级中学的办学性质，为实施普通教育的初级中学。

尽管学校办学申请被伪吴县教育局批准，但正值战局进入日寇将亡中国将胜之时，学校一时无法正式对外招生。

好在度过 1944 年最寒冷的冬天，半年后，雨过天晴，抗战胜利。1945 年下

木渎山塘南街

半年，国民党军队接管驻扎木渎的日军武装。8 月 15 日，国民党政府在木渎成立区公所。木渎古镇又重新焕发生机。叶玉如先生与众乡绅欣喜之余，即着手筹备正式招生办学。

叶玉如先生与乡绅向木渎区公所申请，允许从木渎镇公款公产处提出一笔钱，作为灵岩中学的创办经费。

校址及校舍一时无着，决定暂时借用道堂浜木渎小学的校舍一角，作为私立灵岩初级中学校址。

私立灵岩初级中学的成立，标志木渎镇自此有了第一所普通教育性质的中学。

热衷振兴地方教育大业的叶玉如先生（1900—2000），幼时即蒙习祖宗医术，又从姑苏名医顾福如学习中医内科，还鼓励大儿子报读上海东南医学院。儿子学成回来后，又在儿子那里学习到不少西医治疗知识，成为木渎第一个能以中西医结合的方法，运用西药及西医治疗手段治病之人。

1945 年 7 月，叶玉如秘密加入太湖抗日游击队，成为游击队木渎联络站站长。1949 年木渎解放前夕，叶玉如先生又将诊所作为木渎地下党组织的秘密活动

叶玉如

点，为木渎解放做出重大贡献。

解放初期，叶玉如先生不计职务高低，甘愿留在郑家瑞办的吴县县立初级实用职业学校中，担任不拿薪水的校医。后曾担任木渎镇人民政府副镇长。

1945 年 9 月，私立灵岩初级中学正式成立。曹尧臣为首任校长。

学校组成校董会。担任董事的有：叶玉如、柳惠馨、汪德盛、惠又熙、周仲和、曹尧臣。

办学之初，教师有：曹尧臣、柳惠馨、张麟书、庄云沐、韩云沛、张于天、张泓、王孝斌、陈伯奋、彭曾煜、袁祖培、李仲安、朱道良。

学校对外招生后，首期招收初一新生两个班，共 76 个学生。

学校开办的第二年，因学校原借用道堂浜木渎小学的校舍十分紧迫，不敷使用，而木渎小学因学生增加，无教室可借出。至 1946 年 9 月，学校即搬至木渎东街叫"小开当"的地方，作为新校址。将那里的几间民房隔开作为教室、办公室，继续办学。教师宿舍由叶玉如让出部分家中房屋加以解决。

1946 年，招收初一新生一个班，30 余人。

至 1947 年，一些人对学校筹备于汪伪时期而发出争议。学校在办学过程中，又遇经费紧缩维持之困难，仅靠创办人捐资支撑，因招收的学生数量少，学费收入微薄，教师的每月薪资支出困难。校方只得向社会各界募捐，连灵岩山的妙真长老也给予资助。至 7 月新学年开始在即，而学校实在因经费无着，无法继续招生，只得向吴县教育局提出停办申请。

1947 年 7 月，国民党吴县教育局批示，同意停办私立灵岩初级中学。在同意学校停办的同时，吴县教育局以学校是由汪伪教育主管部门批准开办的，故提出要对在校学生举行一次甄审考试，合格学生征求家长意见，由吴县教育局统一协调，安排到苏州城里的相关学校继续就读。

1947 年 8 月，私立灵岩初级中学宣告正式停办。停办后，校董会将课桌椅、黑板、图书全部捐赠给吴县实用职业学校。

吴县县立初级实用职业学校（1947.8—1950.8）

木渎文化教育悠远，历代素有热衷教育的开明人士，因此，教育的薪火在木渎大地上始终不会熄灭。私立灵岩初级中学刚刚停办，在 1947 年上半年，就有一位叫郑家瑞的吴县本地人氏，毅然愿意以一己之力在木渎创办职业学校。

郑家瑞先生是位蚕种专家，出身于木渎附近浦庄的农家，毕业于浙江大学农学院蚕桑系，获农学学士学位，历任中国合众蚕桑改良会苏州蚕种制造场场长、中国蚕丝公司镇江蚕丝研究所主任、镇江明明蚕种制造场场长等职，在研究蚕种养殖与制蚕业上颇有成就。因在职时深受其恩师、著名民主人士冷遹先生的教诲，遂立下"教育救国、实业济乡"之宏愿。

冷遹（1882—1959），江苏镇江丹徒人，著名民主政治家。先后参与武昌起义、反袁世凯复辟的护国运动。1921 年退出军界，致力实业和教育救国。先后创办镇江蚕种制造场、女子职业学校、农村改进试验区、丝绸公司等。与黄炎培等民主人士创建民主建国会、中华职业教育社。解放后历任全国政协委员、华东水利部部长、江苏省副省长、江苏省政协副主席等职。

抗日战争期间，郑家瑞先生任职的中国蚕丝公司镇江蚕丝研究所和镇江明明蚕种制造场被日伪"接收"。他立誓不为日寇效劳，毅然辞去公职，为躲避日伪的骚扰，郑家瑞先生转学医学，然后回到吴县浦庄以行医谋生，直到抗战胜利。

抗战胜利后，郑家瑞先生目睹木渎、浦庄虽为古镇，但都缺少学校，经历战乱后教育文化更是一片凋敝，镇乡百姓虽有迫切的教育文化需求却无法得到满足。郑家瑞先生当时是文化程度较高的专家，有一定知名度。一些乡绅与百姓遂

冷遹　　　　　　郑家瑞　　　　　　王芝九

鼓动郑家瑞能站出来办一所学校，挽救木渎日益凋零的教育。

郑家瑞先生被深深触动了。他反思自己生于一个家境清寒的农民家庭，从小随父母开荒种地。当年正是在师友的资助下，才得以读书，并获得接受高等教育的机会。在感同身受之余，郑家瑞先生遂立下滴水之恩涌泉相报的志愿，欲以办学之举报效桑梓。

此时，恰逢私立灵岩初级中学停办，郑家瑞先生以此机会，毅然决定到木渎镇倡办教育，他的这一想法得到冷遹先生的认可和支持。

办一所怎样的学校？在郑家瑞向冷遹先生请教时，因冷遹先生曾以中华职业教育社名义在吴县推进职业教育，并在善人桥创办过农村职业教育改进区，冷遹先生指点郑家瑞应传承中华职业教育社宗旨，以开办为农服务的职业教育学校为宜。郑家瑞先生认为：家乡虽为鱼米之乡，但农业技术落后，自己又熟悉蚕种养殖及制蚕专业，他计划开办以农、蚕专业为主的学校，以让乡民子女可学到农蚕方面的一技之长，进而改变农村的落后面貌。

郑家瑞先生向吴县教育局递交了创办职业学校的申请。他没有想到的是，他的办学申请得到了时任国民党政府吴县教育局局长王芝九的赞可与支持。王芝九热情接待了这位有志于农村教育事业的青年，并进行倾心指点。

在王芝九的指导支持下，1947 年 8 月，郑家瑞先生的办学申请得到批准。校名也在王芝九局长的特别照应下，去掉原来的"私立"，定名为：吴县县立初级实用职业学校。用意是以"县立"的名义，以利学校更好地发展。

在王芝九局长的亲自通融下，江苏省教育厅下文正式批准吴县教育局转呈的"吴县县立初级实用职业学校"办学申请。

郑家瑞根据王芝九局长希望把办学的方向放在农村迫切需要的实用职业教育中的建议，学校又于 1948 年 8 月增加了一门商科专业，把所办专业设立在当时吴县乡村亟需的农、商、蚕三大实用职业专业。

郑家瑞先生压根不可能知道的是：王芝九虽明为国民党政府的吴县教育局局长，但他的真实身份却是一位中共地下党员。

这里，我们要介绍一下倾力支持郑家瑞先生办学的王芝九同志——

王芝九同志，1925 年在苏州私立乐益女中任教员时秘密加入中国共产党。苏州私立乐益女中即是苏州第一个党组织——中共苏州独立支部的诞生地。1926年，王芝九同志由党派遣，至昆山中学任教，组建昆山第一个党组织——中共昆山独立支部，任首任党支部书记。

北伐胜利时，王芝九以国民党省党部特派员的公开身份接管吴县各省立学校。抗战胜利至解放前夕，王芝九以吴县教育局局长的公开身份开展党的地下工作。他设法保护进步学生和教师，免遭国民党特务迫害，及抵制国民党撤退时搬迁校产的阴谋，保存了吴县（即苏州）的大、中、小学财产。解放后，王芝九公开共产党员身份，被任命为苏州市立中学首任校长，并领导筹建苏州教育工会。后上调至国家教育部，与叶圣陶一起共同筹组人民教育出版社。

可以说，郑家瑞先生是在中共党组织的暗中支持下，顺利成立了吴县县立初级实用职业学校。吴县县立初级实用职业学校，是江苏省木渎高级中学的前身之一。

郑家瑞先生在办学申请经吴县教育局转呈省教育厅批准后，接收原私立灵岩初级中学和原吴西中学捐建的道堂浜校舍等所有物品。

他们选择道堂浜及邻近的城隍庙基地、俗名"庙场"的以及原停办的伪省立稻作试验场和广场旧屋为校址和实习基地。

郑家瑞先生将木渎善济堂捐助的 21 间平房作为实验教室，又接受徐朴存先生捐助的农田 11 亩，接受木渎民教馆捐助的 3 块农场，计 15.90 亩。

但木渎地方封建势力对郑家瑞先生的办学行为横加阻拦，认为在城隍庙基地办学，是对神灵的亵渎。而原伪省立稻作试验场和广场旧屋，现属江苏省建设厅的不动产，省建设厅的头目不同意转让。

郑家瑞先生多方奔走协商，终于在王芝九的亲自干预下，封建势力对城隍庙基地的事不敢再加阻拦。稻作试验场和广场旧屋，经冷遹先生的周旋沟通，也得以顺利转让。

吴县县立初级实用职业学校终于落实了全部校园和实习基地。一时，校园面积有9910平方米，校舍面积也有1150平方米。

学校创办初期，财务上也困难重重，郑家瑞先生把自己多年的积蓄共计28根金条，全部捐给学校，以解财务燃眉之急。学校以这笔资金接收了原私立灵岩初级中学的50余副课桌椅及办公器具，又购置了300余件办校用具及所设农、商、蚕专业必需的实验器材。郑家瑞先生又捐出家里的铜钟、藤椅、凳子供学校使用，可谓是拳拳之心，倾囊以助。

1947年8月，吴县县立初级实用职业学校在具备校舍、场地、课桌椅等办学条件及设施设备后，正式成立开始招生。

学校开办当年，招收农、蚕两科专业新生各一班，每个班34人，共招生68人。1947年9月11日，学校正式开学上课。

郑家瑞自任吴县县立初级实用职业学校校长后，原私立灵岩初级中学创办人叶玉如先生自愿来校工作，担任校医。为表达对志愿办学济乡的赤诚之心，郑家瑞、叶玉如都将自己的职务以"兼职不支薪"论，"所领之薪充作办公费用"。

学校设校务会议、委员会、研究会三大行政组织机构：校务会议下设事务处、教导处，委员会下设招生委员会、奖惩审查委员会、升学就业委员会、经费稽查委员会，研究会下设各科教学研究会、学术研究会。

1948年，学校又招收商科专业新生40人，继续招收农、蚕两科学生各一班。学校学生总数为196人。

郑家瑞校长聘请学校教师11人，职员校工10人，教职员工共21人。陆文豪为教导主任，徐茂本为事务主任。级任教员为：倪澍霖（算术、农产制作）、胡师瑗（国文、音乐）、王大志（簿记）、尤家熙（植物）。教员为：陆文豪（化学），沈兆兰（植物、栽桑），张弘（国文、历史），徐树桐（英语、物理），金坤玉、戴乔松、张宏仁（劳作、体育）。校医：叶玉如。事务员：浦维翰、陈祥麟、张于天、王清澄。校工：邵仲贤、李满襄、喻官保、王和尚、杨金妹。

教员中，有的是毕业于中央大学、浙江大学、大同大学等国内著名高校的毕业生。

学校开办后，郑家瑞先生即依据恩师冷遹先生"职业教育之要，是需有实习

吴县县立初级实用职业学校成立简史

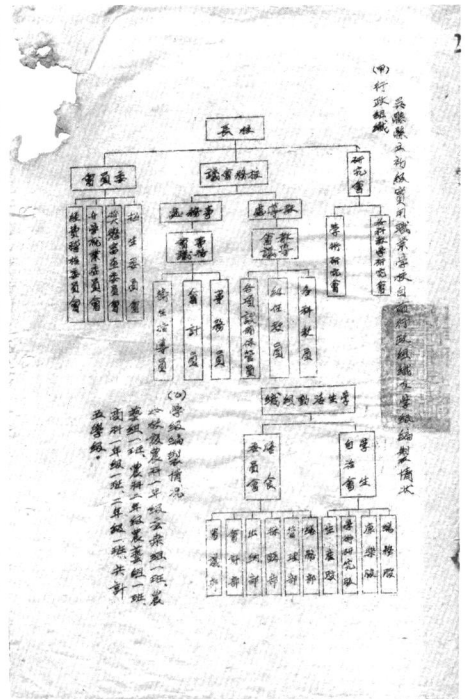

吴县县立初级实用职业学校
行政组织及编制表

吴县县立初级实用职业学校
教职工花名册

吴县县立初级实用职业学校
教职工花名册

基地"的教诲，把办学的重点放在"以实习助教学，以基地助办学"中。

在学校开办仅半年的时间里，郑家瑞先生致力于为所设专业开辟实习、见习基地：1. 在木渎仇家木桥堍租用 8 亩农地，作为农科学生实习基地。2. 与自己原先工作的镇江蚕丝研究所及镇江明明蚕种制造场签订建立实习基地合同，每年春秋安排蚕科专业学生前往实习。3. 在校园中开辟 8 亩桑园，规划办成一所供学生见习的蚕种场，并以蚕种出售的收入，补充学校经费。4. 与木渎本镇商号订立供商科学生见习合同，让学生学有出路。

4 个实习、见习基地的建立与签约，为学校的职业教育配备了符合职业教学需求的条件。

至 1948 年秋，学校已在木渎形成了良好的办学信誉，要求入学的学生纷至沓来。郑家瑞先生根据办学需求，又增添了课桌椅 100 余副。当年招收农、蚕、商各科专业新生各一班，每班 44 人。连同 1947 年的三班学生，共设两届六个班，学生总人数达 260 人。又增聘 3 名教师，有教职员工 19 人。

吴县县立初级实用职业学校开办仅两年，学校就迎来了明媚的春天：1949 年 4 月 27 日，木渎宣告解放。5 月 1 日，中共吴县木渎区党委会正式成立。

郑家瑞先生早在恩师、民主政治家冷遹先生的言传身教中，就接受了进步思想，知道只有共产党才能救中国。他早就热切期待解放军早日解放江南和家乡，以改变家乡的落后面貌。

1949 年 5 月 9 日上午，郑家瑞先生即以愿听从共产党和人民政府领导，将私立学校移交人民政府的积极姿态，并以召开全体教职员及学生代表移交会议形式，将应当移交各项事宜逐一核对，分别列具移交清册。

参加移交会议并对移交清册签字作证的，有校长：郑家瑞；教职员：陆文豪、徐茂本、倪树霖、胡师瑗、王大志、尤家熙、沈兆兰、张弘、徐树桐、浦维翰、张宏仁、叶玉如、陈祥麟、张于天、王清澄。学生代表有：徐宗贤、郭士恒、苏根彪、张金珍。

1949 年 5 月 10 日，郑家瑞先生主动向吴县木渎人民政府呈文，并附移交学校清册 9 种各 1 份，把私立的吴县县立初级实用职业学校移交给政府举办。

苏南行政公署接收原私立吴县县立初级实用职业学校后，委派文教科科长徐昌宜驻校，按人民教育要求的改革、充实、调整，并进行初步的社会主义改造，对教员开展思想政治教育。

1949 年 8 月，学校以人民政府的公办学校面貌进行招生。一时报名入学的人十分踊跃。吴县人民政府文教科根据情况，批准每科招生数增加 10 名，即每科招收新生 50 名，共招收新生 150 名。学校有班级 9 个，学生总数达 410 名。

移交给政府的物品
清册上所附的签字名单

1949 年第二学期吴县初级实用职业学校学生成绩记录

1950 年 9 月，吴县县立初级实用职业学校开办后的第一届农、蚕、商科专业毕业生毕业。首届专业毕业生为 104 人。毕业生均由吴县人民政府统一安排工作。有部分优秀毕业生选择继续升入高等院校深造。

郑家瑞先生把私立吴县县立初级实用职业学校移交给政府后，即辞去校长职务。但出于对教育事业的热爱，郑先生甘愿不计职务高低，留在学校任校医之职，直至 1965 年。

1957 年，郑家瑞先生当选苏州市郊区人民代表；1963 年至 1966 年，当选吴县政协常委；1978 年起，继续任吴县政协常委；1987 年后，在家安度晚年。

郑家瑞先生一直以赤诚之心，关注着木渎中学的变化与发展，为木渎中学的发展建言献策，曾亲自撰写关于木渎中学前世今生和变化发展的木渎中学校史概况。

吴县初级农蚕技术学校（1950.9—1952.8）

苏州与吴县解放后，党和人民政府引导苏州与吴县的城乡学校进入社会主义教育新阶段。1950年，根据政务院提出的"改造和发展中学教育"指示，苏州市人民政府教育部门对接办的私立、教会学校进行合并、改造、改名等工作。

从1950年9月开始，吴县人民政府文教部门对私立吴县县立初级实用职业学校进行一系列合并、改造、改名工作：原私立吴县县立初级实用职业学校与原吴县光福私立蚕科学校进行合并。学校正式由人民政府接办，成为公办学校。学校改名为"吴县初级农蚕技术学校"。原吴县光福私立蚕科学校的42名学生并入，成为吴县初级农蚕技术学校学生。

1950年9月至1951年9月，原教导主任陆文豪继任为吴县初级农蚕技术学校校长。原吴县光福私立蚕科学校教员郭彬祺任教导主任。

1950年9月，吴县初级农蚕技术学校教员有15人：陆文豪（校长）、郭彬祺（教导）、张弘（国文、历史）、储恂（植物）、沈兆诗（栽桑、养桑）、胡师瑗（国文、园艺）、郝石声（教务）、尤家熙（植物、肥料、畜牧）、徐茂本（国文）、倪树霖（算术、农产制作）、王钊、蒋玉田、孙铁城、陈祥麟（事务）、张于天（事务）。职工、校工有6人：刘震东（总务）、邵仲贤、王和尚、李满环、朱素英、喻官宝。

1950年9月，苏南行政公署投入教育经费，拆除校园中原善济堂捐助的平房，新建平房教室8间，并增添了以前缺乏的而实施正常教学所必需的设施设备。

学校成为共产党领导的、由人民政府管理的公办学校后，在苏南行政公署派驻学校的干部与校领导组织下，教员们认真开展思想政治教育，以人民教师的新姿态投入教学，积极开展庆祝中国共产党成立三十周年等政治活动。

1950年9月，吴县初级农蚕技术学校招生，只招收农、商科专业新生共100名。共设9个班，学生总人数382名。有教职员工28人。

自学校由人民政府接办，成为公办学校后，人民政府加大对学校基本建设的投入。在解放初的短短几年间，学校对旧校舍进行了翻建，共改造校舍26间，包括教室10间，办公室6间。校园面积扩大了240余平方米。添置了新课桌椅152副，包含显微镜、精密实验仪器等理化仪器20余种，又添置了现代的体育运动器具及卫生设备。学校教育教学条件有明显改善。

学校领导执行党和政府有关知识分子政策，以开展团结、教育和改造方式，致力提高教职员工的政治觉悟。同时，对学生进行听毛主席话、跟共产党走的教育，毕业学生纷纷志愿到农业技术第一线工作。

陆文豪

1950 年吴县县立农蚕技术学校全体教师合影

教职员工集会庆祝中国共产党
成立三十周年

吴县初级农蚕技术学校毕业生
与校领导、教师合影

　　吴县初级农蚕技术学校的校园中，呈现出广大师生拥护共产党领导、热爱新中国、走社会主义道路的朝气蓬勃新气象。

　　1950 年 12 月，中华全国总工会吴县总工会教育工会吴县初级农蚕技术学校基层委员会成立。工会主席为邵仲贤。陆文豪、尤家熙、张弘等主动填报志愿表，要求成为新中国教育工会会员。

　　1951 年 5 月 2 日，吴县初级农蚕技术学校向吴县团委报告成立团支部。6 月，新民主主义青年团农蚕技校团支部正式批准成立。郝石声任团支部书记。

　　1951 年 9 月 24 日，苏南行政公署以主任管文蔚名义，发出署教人字第 316 号委令，任命郭彬祺为吴县初级农蚕技术学校代理校长。

陆文豪加入工会志愿书

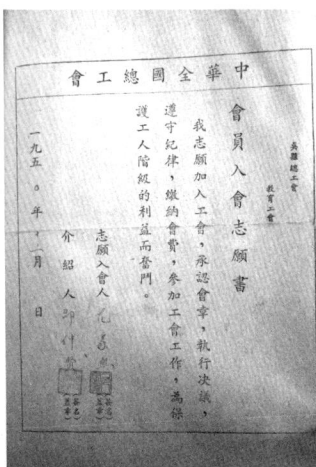
尤家熙加入工会志愿书

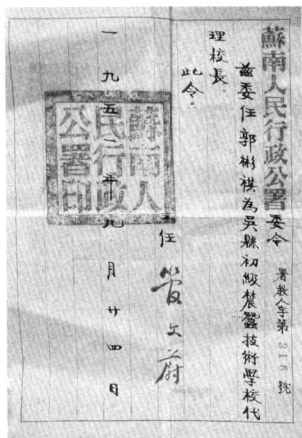
郭彬祺任代理
校长的委任令

郭彬祺

1951 年吴县初级农蚕技术学校全体师生员工合影

1951 年吴县初级农蚕
技术学校毕业生鉴定书

1952年吴县初级农蚕技术学校毕业生合影

　　1951年，中央提出"调整巩固，重点发展，提高质量，稳步前进"的教育方针，苏州市委、市政府和文教局贯彻执行上级指示，相继对城乡各学校进行旨在提高人民教育质量的较大幅度的调整改造工作。1951学年时，吴县初级农蚕技术学校的师生员工有298人。

　　自1951年秋起，吴县文教局对城乡直辖学校进行调整改造，决定吴县初级农蚕技术学校的办学性质转向实施普通教育的中学。上级要求在三年内，实施从原来招收职业教育班学生转向招收普通初中班学生，进而完成职业教育与普通教育的转型。

　　1951年8月，学校改招普通初中四个班，立即停招职业教育班，并加快落实职业教育班学生的毕业鉴定、转校学习工作。

　　1952年6月，吴县初级农蚕技术学校第三届农、商科专业学生共32人毕业，这也是学校从职业教育改为普通教育前的最后一届职业班毕业生。

六、走向实施普通教育新旅程

吴县初级中学（1952.9—1954.8）

1952 年 9 月，吴县文教局和苏州市文教局批准，学校正式由原吴县县立初级农蚕技术学校更名为"吴县初级中学"。学校由原来的职业教育学校，成为实施普通义务教育的全日制初级完全中学。

学校校址，仍在木渎镇道堂浜庙场（后改名为翠坊南街 16 号）。

1952 年秋，在苏州市与吴县文教局的协调下，吴县县立初级农蚕技术学校的职业专业教育班的 130 名学生，分别转到苏州农业学校、浒关蚕桑专科学校及镇江财经学校，继续职业专业的学习。从而只用近两年时间，就完成了从职业教育转为普通教育的转型工作。

1952 年 11 月 8 日，苏南行政公署主任管文蔚发出署教人字第 192 号委令，任命郭彬祺为吴县初级中学校长。

尤家熙为吴县初级中学教导主任，刘震东为总务主任。教员有：石家筠、蔡华苓、范崇廉、徐茂本、陈志石、顾凤池、潘崇懿、沈国钧、黄炳良、朱荫璋、张泓、陈士鸿、陈丁新、高帆、顾中葵、张于天、陈祥麟、郝石声、张同丁、陈文铭、郑家瑞。

教员中，有的是毕业于金陵大学、东吴大学、之江大学、大夏大学、圣约翰大学、暨南大学、河南大学、江苏教育学院等著名高校的高材生。

学校成为实施普通义务教育的中学后，注重对教职员工进行社会主义思想教育，和适应学校由职业教育改为实施普通教育的转变的思想动员工作。教职员工积极参与土改、镇反、"三反五反"、支持抗美援朝等政治活动，思想政治觉悟有了很大提高，确立了做好一名人民教师，为乡镇教育的发展服务的思想，积极投入到培养学生成为新中国生产建设有用人才的教学工作中。

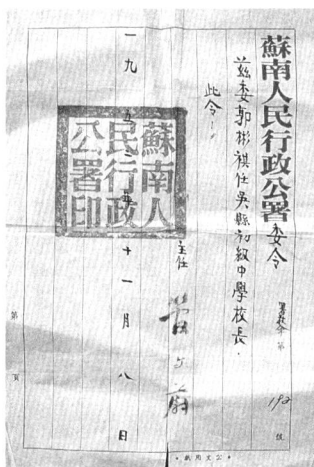

1952 年委令郭彬祺
任吴县初级中学校长

解放初吴县初级中学教师风貌

校园中，呈现了师生团结一心听毛主席话、跟共产党走的良好气象与氛围。学生怀着热爱中国共产党、热爱新中国的强烈感情，确立"努力学习，做新中国合格的建设者与接班人"的愿望，认真接受思想政治教育，认真学习文化科学知识，积极参加政治活动，呈现积极向上的精神面貌。

1950 年下半年，政务院向全国中学发出希望优秀学生报名参军的号召，学生积极响应报名参军，学校组织腰鼓队欢送学生参军。

1953 年，由苏州市教育局拨款，学校新盖面积 637.9 平方米的两层教学楼一幢，计上下共 14 间，有教室 6 间、办公室 8 间。因全国掀起抗美援朝、保家卫国的高潮，学校将教学楼命名为"和平楼"。

1953 年，由吴县教育局拨款，学校将位于庙场的学校二院中的原城隍庙大殿，改造为可容纳 600 余人开会活动的大礼堂，对二院古色古香的校门进行整修。毕业于江苏师范学院美术系的美术教员王莹还特地用水粉画现场绘下了校门风貌。

苏州市、吴县教育局对改善学校办学条件十分重视，至 1953 年，添置了价值

打起腰鼓欢送参军学生

和平楼

1954 年吴县初级中学二院校门（王莹绘）

校园庭院

3000 余元的实验仪器，图书 3000 余册，新课桌椅 150 余副。又添聘教师 6 名，增加班级 3 个。学校校园面积增加 746.8 平方米，有了美丽的校园庭院。

1954 年 7 月，共有 49 名学生毕业，这是学校称为吴县初级中学（1952—1954）时的最后一届毕业生。

吴县县立木渎中学（1954.9—1955.8）

1954 年 9 月，吴县教育局根据木渎教育发展与学生就地接受高中教育的需求，在学校中设立高中部。学校改名为"吴县县立木渎中学"，学校从初级中学改为设有初中与高中的完全中学。

学校校址，仍在木渎镇道堂浜庙场（后改名为翠坊南街 16 号）。

郭彬祺继任吴县县立木渎中学校长，尤家熙仍为教导主任。

在 1954—1956 两学年，上级教育部门对设初高中完全中学的课程进行了统一

上世纪 50 年代校舍走廊　　　吴县初级中学 1954 届毕业生

调整，吴县县立木渎中学所设的初高中课程如下：

初中：汉语、文学、算术（初一）、代数（初二、初三）、几何（初二、初三）、中国历史（初一、初二）、世界历史（初三）、政治常识（初三）、自然地理（初一）、世界地理（初二）、中国地理（初三）、植物（初一、初二上）、动物（初二下、初三）、卫生常识（初一）、物理（初二、初三）、化学（初三）、体育、音乐（初一、初二）、图画、工农业基础知识（初三）、实习。

高中：汉语、文学、代数、几何、三角（高二、高三）、中国历史（高二、高三）、世界近代现代史（高一）、社会科学常识（高二）、中华人民共和国宪法（高三）、外国经济地理（高一）、中国经济地理（高二）、人体解剖生理学（高一）、达尔文主义基础（高二）、物理、化学、外语、体育、制图、实习。

学校为贯彻实行苏联凯洛夫教育原则，要求教师在深入钻研教学大纲的基础上，要掌握和运用实施教学的五个环节——组织教学、复习检查已上课程、讲授新课程、当堂巩固、布置作业，以此提高教师的教学水平。同时，为体现落实"教

在学校劳动生产基地劳动的学生

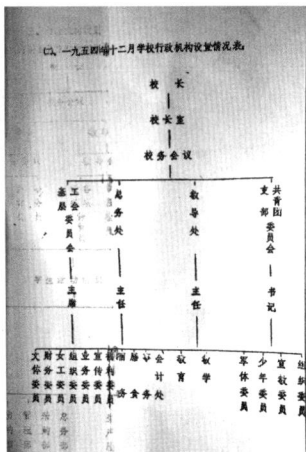

1954 年吴县县立木渎中学
行政机构设置情况表

育与生产劳动相结合"的指示,学校在教学中增加了基本生产技术教育,办起了劳动生产基地与实习工场。

从 1954 年开始,学校根据党的全面发展的教育方针,在学生中开展了学习总路线、贯彻《学生守则》的思想教育,致力对学生加强热爱祖国和热爱共产党的正面教育,教育学生做到"身体好、学习好、工作好"。在学生中开展评选优秀学生、树立"三好榜样"、搞好班集体的活动,广大学生形成了积极进取、团结向上的精神氛围。

1954 学年度时,吴县县立木渎中学还没有建立党组织。学校行政机构的设置为:校长—校长室—校务会议,下设:工会、总务处、教导处、共青团支部。

苏州市木渎初级中学(1955.7—1958.8)

1954 年 9 月,木渎镇改属苏州市管辖,作为苏州市郊区所属镇。1955 年 7 月,学校成为苏州市教育局直属的郊区学校,改名为"苏州市木渎初级中学"。

汪毓萍

苏州市木渎初级中学 1955 届初三甲班毕业照

1955 年 6 月，学校学生会主席朱佩瑜在放学回家途中，遇见有人跌入河中，即奋不顾身跳水救人。他的模范事迹一时在学校和社会传扬，受到了吴县文教局、苏州市教育局表彰。学校掀起了"向朱佩瑜学习，做见义勇为的好学生"的学习活动。

1955 年 9 月，为实行党对由私立学校转为公办学校的领导和更好开展学校政治思想教育，苏州市教育局委派原苏州市第五中学副教导主任汪毓萍同志（东吴大学英语系毕业生）任苏州市木渎初级中学党支部副书记、副校长。

1956 年 3 月，为进一步加强苏州郊区中小学的党组织建设，上级党组织派中共党员林健来木渎中学工作，并成立苏州市郊区中小学联合党支部，汪毓萍担任联合党支部代理书记。

1956 年 6 月，经苏州市团委批准，成立苏州市木渎初级中学团总支，郝石声同志任团总支书记。团总支中的学生委员有蒋志达等 9 人。

1956 年 8 月，郭彬祺被上级公派至南京大学学习深造，不再担任木渎中学校长一职。

上世纪 50 年代的学生共青团员

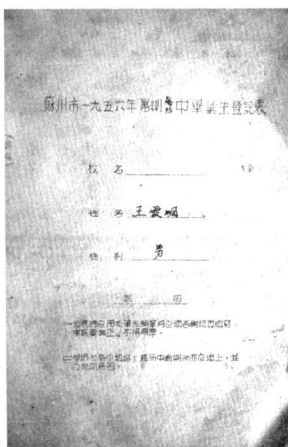

1956 年苏州木渎中学
毕业生登记表

1956 年 9 月，苏州市教育局发文，将学校正式改名为"苏州木渎初级中学"。学校不再设立高中部，成为纯普通初级中学。

汪毓萍主持苏州木渎初级中学的党政工作。

尤家熙继为学校教导主任，周振民为学校总务主任。

1956 年，苏州木渎初级中学有初中班级 12 个。教师有：汪毓萍、尤家熙、林健、石家筠、赵明、潘崇懿、徐茂本、徐秉仪、顾中葵、沈国钧、张同丁、朱荫璋、陈士鸿、陈丁新、王莹、张泓、张于天、耿锡清、陈祥麟、郝石声、陈文铭、邢家渝、左纪都、周振民。

1957 年 4 月 18 日，中共苏州木渎初级中学党支部成立，汪毓萍任党支部书记。学校时有党员 5 人，为：郝石声、王介敏、钱宗英、林健、汪毓萍。党支部在学校开展团结进步师生、活跃党团活动的工作，发展追求进步的师生成为党团员。

至 1957 年、1958 年，因受当时全国政治运动、"大跃进"的影响，苏州木渎初级中学与其他中学一样，把大量时间放在政治运动中，学生学习时间被大量侵

1957 年苏州木渎初级中学共青团活动

1956 年教师工资单

苏州木渎初级中学 1957 届全体毕业生合影

1958 年 9 月木渎中学
学生登记表

占，教师受政治运动影响不钻研业务，致使学校教育质量严重下降。

1957 年 5 月，中央发出《关于整风运动的指示》，整风运动在苏州城乡教育系统全面展开。苏州木渎初级中学党组织发动师生"大鸣大放，大争大辩"，校园内一时贴满大字报，教师在学校党支部和工会的领导下，怀着对共产党的赤诚之心参与到向党表决心的宣誓、游行活动中。木渎初级中学基层工会连续编印了《鸣放快报》9 期。

1957 年 7 月，苏州木渎初级中学有 107 名学生毕业。

1957 年 10 月，苏州木渎初级中学有教师 27 名，其中大学本科毕业的 7 人，大学本科肄业、大专毕业的 9 人，中专中师毕业的 11 人。

苏州木渎初级中学的教职员为：汪毓萍、尤家熙、王介敏、周振民、顾凤池、潘崇懿、徐茂本、左纪都、陈鼎新、沈国钧、徐炳荣、王亚兰、徐备军、邵珍、马步奎、潘家琦、陆蔚君、王莹、张同丁、叶奕万、张于天、顾锦华、邢家渝、蒯炎辉、顾中葵、徐秉仪、朱荫璋、张泓、耿锡清、马虎生、周祖九、林健、郝石声、张鸿斌等。

1957 年下半年起，全国整风运动转为反对资产阶级右派的斗争。学校为适应政治形势的发展，编辑了"反右"斗争专门刊物《教工之声》，共 9 期。

在"反右"斗争深入进行中，开展了"拔白旗"运动。上级党组织给苏州木渎初级中学定了四个右派分子的指标。学校内部圈定可以列为"右派"的四名教师，都是喜欢讲真话的人，平时对学校工作会提出一些批评建议。其中的一位左纪都老师是教音乐和历史的，因为他在历史课上会讲到苏联的一些情况，而当时中国已与苏联交恶，就被定性为攻击"三面红旗"。学校把内定的右派分子名单报上去后，苏州市委宣传部最后把左纪都老师划定为右派分子。

（注：左纪都老师为吴中知名音乐戏曲研究者。"摘帽"平反后，曾在 1982 年与著名戏剧家王染野合作创作《谭嗣同》历史戏曲剧本，刊于《江苏戏曲丛刊》，还加入了沧浪诗社。左纪都现已过世。）

其他几位内定而没有划定为右派分子的老师及评为极右的老师，均遭到批判，有的被剥夺教书资格，下放到学校后勤打杂。

1957 年暑假，根据上级部署，苏州木渎初级中学组织动员毕业生去农村参加生产劳动。

1957 年 7 月，苏州木渎初级中学总务科职员因在改善学校办学条件中贡献突出，被评为苏州市先进工作者。

1957 年 10 月 16 日，农工民主党苏州市木渎中小学支部成立。木渎中小学教师中，成为农工民主党成员的有：韩秉直、朱荫璋、金绍祥、支载杨、方淑贞、徐茂本、沈志芳、陈鼎新。

1957 年间，根据学校学生数的增加和学校发展的需求，由苏州市教育局拨款，学校新建实验室 6 间，教室 8 间，学校校舍面积增加 510 平方米。同时，增添价值 4000 余元的理化仪器，图书 3000 册，价值 2000 余元的体育卫生设备，以及添置了教具及课桌椅等。教师人数也有增加。

1957 年至 1958 年，根据党的"教育为无产阶级政治服务，教育与生产劳动相结合"的教育方针，苏州木渎初级中学组织教师投入到"教育革命"中，根据"面向政治、联系生产、精简重复、厚今薄古"的要求，在强调厚今薄古原则下，文史课精简了一部分课文，增加了结合形势的新教材，数理化课程则在联系生产的要求下，提倡实行课堂教学与现场教学相结合，教师讲解与学生讨论相结合。

1957 年、1958 年间，苏州木渎初级中学按上级教育部门要求，进行课程调整。所设课程，初中为：政治、语文、外语、数学、物理（初二、初三）、化学（初三）、生物（初一、初二）、历史（初二、初三）、地理（初一）、生产常识（初三）、体育、音乐（初一、初二）、图画（初一、初二）。

1958 年 3 月—4 月，苏州木渎初级中学根据苏州市教育局指示，组织部分教师到附近郊区农村开展扫盲工作。

1958 年期间，学校师生响应中共苏州市委文教基层工作会议上关于各中学要贯彻"教育为无产阶级政治服务，教育与生产劳动相结合"的方针，要大力开展勤工俭学的要求，积极参与到勤工俭学活动中。

学校在开展勤工俭学活动中，教师还结合自己的专业知识，制作有科技含量的产品，班主任根据木渎学生家长素来从事刺绣副业的特点，引导学生向家长学习制作刺绣工艺品，作为勤工俭学活动内容。

1958 年 8 月，江苏省教育厅在南京举办江苏省勤工俭学成果展览会。苏州木渎初级中学选送了两件参展产品：一是教师研制的恒温箱，二是师生制作的刺绣被面。木渎初级中学选展的这两件具有创新与地方特色的产品，引起参观者极大的兴趣，被评为优秀勤工俭学成果。学校组织大部分教师于 8 月下旬赴宁参观了展览会。

吴县木渎中学（1958.9—1969.1）

1958 年，木渎镇及金山乡又划出苏州市，重归吴县管辖。1958 年 9 月，经吴县人民政府和吴县教育局批准，原苏州木渎初级中学更名为"吴县木渎中学"。吴县木渎中学恢复高中教学，设立高中部，成为有初高中的寄宿制完全中学。

汪毓萍继任吴县木渎中学党支部书记、副校长，主持学校党政全面工作。

吴县教育局调原任木渎小学校长的韩秉直担任吴县木渎中学副校长。

1958 年，吴县木渎中学的教师有：汪毓萍、韩秉直、尤家熙、王介敏、周振民、徐茂本、沈国钧、徐秉仪、顾锦华、蒯炎辉、邵珍、顾凤池、朱璋、叶奕万、潘家琦、顾中葵、张于天、王亚兰、张同丁、徐炳荣、王莹、陆蔚君、徐备军、陈丁新、马虎生、马步奎、季左英、钟剑光、吴中平、朱函。及陈文铭等 12 名教职员。

学校自更名及设立高中部后，即开展对外招生工作，共招收 90 余名新生，开办高一两个班。

为适应寄宿制性质，1958 年下半年，学校在操场北面新建平房两幢 24 间，作为学生宿舍。

1958 年 8 月，党中央提出为在 1958 年生产 1070 万吨钢而奋斗的号召，全国掀起大炼钢铁运动。当时，木渎成为吴县及震泽县（今吴江区）联合大炼钢铁的

吴县木渎中学校徽　　　1959 年的学生胸牌　　　吴县木渎中学食堂饭票

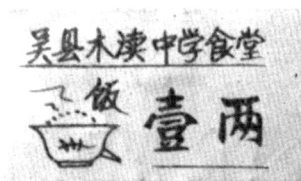

苏州市民、学生在城墙下做炼钢的土高炉　　　包克亮校友

基地，木渎在城乡间一下建立了 50 多座土高炉，全民投入到土法大炼钢铁中。

　　吴县木渎中学从更名起，即从 1958 年 9 月一开学，就停止正常上课。学校在操场上搭起土高炉，用坩锅方法炼钢，全体师生不分昼夜地参与大炼钢铁。师生们白天黑夜地轮流围在土高炉边，参加炼钢铁的大会战，一共达三个月。

　　学校动员人人为大炼钢铁出力献物，不少教师学生把家里的树砍了献出作为烧炉的干柴，把家里围墙拆了献出砖块用于砌高炉，把水缸砸了献出作为砌炉的缸砂，把家里的香炉烛台砸了献出作为炼钢材料。

　　学校正常的教学秩序被大炼钢铁运动完全打乱，学生学习时间被大量侵占，更不要说安心读书。教师也无法安心施教，教育质量出现严重下降。

　　但即使是这样的特殊年代，学校教师仍保存教书育人的赤诚之心，见缝插针地为学生教授文化知识。一些理化教师利用炼钢铁的时机，在土高炉边和学生现场讲解炼钢的成分配比，钢与铁不同的物理性能，启发调动学生对学习科学知识的兴趣。

　　1959 年从吴县木渎中学初中毕业的包克亮同学，就是在老师的启发下，走上

1959年吴县木渎中学初三（4）班毕业留念

了航空科研事业之路，并成长为总工程师。他参与研制的航空航天导航关键设备"精密离心机"，填补了国内空白，获1978年全国科学大会奖。

由于"大跃进"与大炼钢铁运动的影响，加上学校又开展"革掉资产阶级的教育思想"的教育改革，读书无用的思潮在社会蔓延，发生较普遍的学生辍学现象。学校组织教师进行家访和动员，耐心做好家长与学生的思想工作，才逐步阻止了流生现象的蔓延。

全国各大中小学在勤工俭学中纷纷掀起办校办企业的浪潮。1958年12月，木渎初级中学校办厂——机械试验厂正式建立投产。生产产品有化学实验台、炭精棒、脱粒机等。学校组织学生分班分批到校办厂劳动。

至上世纪八九十年代，苏州中小学大力开展勤工俭学与发展校办企业。木渎中学的校办厂发展成为"三厂一店"：五金一厂、电子机械厂、油脂化工厂、金文综合商店。

1959年至1961年，是全国性的粮食短缺和饥荒时期，被称为三年困难时期。即使是鱼米之乡的木渎，也在1960年至1962年中发生了台风、草荒等自然灾害，

叶奕万老师

粮食严重歉收。群众以南瓜野菜谷糠作为代用食品，镇上商店里出售所谓高级糖果、糕点。大批百姓因营养不良患上浮肿病，农村还流行血吸虫病，一些壮劳力丧失了劳动能力。

学校的学生老师也出现营养不良状况。学校要求师生以采集瓜菜叶等办法来渡过缺粮难关。还在上级部门的指示下，开展增产节约运动，利用校园内的空隙地种各种蔬菜，以增加供应改善伙食。学校又在上级部署下，以暂时停课等方式，狠抓师生中出现的浮肿病防治工作。并根据国务院紧急指示，依据学生体质下降情况，实施劳逸结合，改少文体活动，调整教学进度，严格控制考试次数，以保证学生身体健康。

1960年，苏州市、江苏省、全国文教群英会相继召开。1960年2月，吴县木渎中学有叶奕万、王亚兰、邵珍老师被评为县文教先进工作者。6月，叶奕万被评为省文教先进工作者，光荣出席江苏省文教群英会。（注：叶奕万老师为学校前身的私立灵岩初级中学创办人叶玉如的侄子）

学校积极贯彻全国文教书记会议发出的"以毕业班工作为中心，带动其他班

吴敏娟

1961 年吴县木渎中学高三（2）班毕业生合影

级，照顾一般，保证重点"的精神，努力调动教师积极性，集中力量抓好毕业班教育质量。吴县木渎中学的初高中毕业班教学质量居苏州地区前茅。

1960 年下半年，学校响应号召，组织师生开展送肥下乡、到农村参加秋收秋种的活动。

1961 年 8 月，汪毓萍调任吴县浒关中学副校长。

1961 年 8 月，吴县教育局任命吴敏娟为吴县木渎中学党支部副书记兼副校长，主持学校工作。

韩秉直续任吴县木渎中学副校长。彭隆望为教导主任，周振民为总务主任。

1961 年 10 月，吴敏娟任吴县木渎中学党支部书记，施行龙担任吴县木渎中学团总支书记。

1961 年，学校有教师 36 人，其中有：吴敏娟、韩秉直、彭隆望、周振民、王亚兰、徐茂本、沈国钧、徐秉仪、顾锦华、蒯炎辉、邵珍、顾凤池、叶奕万、张于天、季左英、钟剑光、吴中平、王莹、徐炳荣、陆蔚君、徐备军、朱恺丞、郑子云、严立、周祖九、施行龙、孙镇荣、朱焕清、刘振才、殷绥来、包永泉、顾魁其、盛纨芬、孙铁华、林美娟、殷福根、杨祈、钱坤福、石昭美、顾思懋。

教师中，大学本科毕业的 10 人，大学本科肄业、大专毕业的 17 人，中专中师毕业的 9 人。

进入上世纪 60 年代后，为弥补"大跃进"和三年困难时期对国民经济和教育等战线的影响，中央提出了"调整、巩固、充实、提高"的方针，学校教育工作以中央方针为指导，全面贯彻党的教育方针。

学校以吴县县委召开的中小学干部会议精神，贯彻执行《江苏省全日制中小学若干问题的指示》，要求加强思想工作，树立教育质量第一的教育思想，实施学校工作以教学为主，教学以课堂教学为主，课堂教学以教师讲解为主。木渎中学对学生贯彻要认真读书的思想，重视教学质量、教学效果，致力充分调动师生的教与学积极性，以抓毕业班工作为重心，排问题，找关键，高速优质地带动学校教育质量显著提高。

学校加强学生政治思想工作，紧抓对学生的"三十二字"教育，即抓"认真读书，热爱劳动，尊敬师长，团结友爱，遵守纪律，活泼思想，锻炼身体，讲究卫生"的教育。

从 1962 年 9 月起，因学校发展，班级与学生数增多，原学校校舍不敷使用。此时，由于国民经济暂时困难影响，位于木渎镇东街的吴县师范学校被调整停办。吴县教育局决定将吴县木渎中学搬迁至停办的吴县师范学校校址内。

吴县木渎中学原在道堂浜庙场的校舍由木渎小学和县教师进修学校使用。

1963 年 1 月，吴县教育局任命高鹤松为吴县木渎中学校长。

1963 年，中共中央发出"向雷锋同志学习"的号召，吴县木渎中学各年级各班级学生均投入到"学雷锋，做共产主义接班人"的热潮中。与此同时，还在学生中进行艰苦朴素的教育和集体主义精神的教育，学生们普遍开展读革命书籍、讲革命故事、唱革命歌曲、向英雄人物学习的活动。

1963 年 9 月，姜礼芳任吴县木渎中学团总支书记（后调苏州，曾任苏州市教育局基教科科长）。

从 1963 年起，劳动被列为学校教学计划，成为正式课程。每年夏收和秋收季节，学校组织师生停课到木渎人民公社的生产大队参加农业生产劳动，动员毕业生支边支农参加农业劳动。

自 1963 年夏至 1966 年"文革"前，吴县木渎中学所设课程为：初中是政治、语文、外语、数学、物理（初二、初三）、化学（初三）、生物（初一、初二）、历史（初二、初三）、地理（初一）、生产常识（初三）、体育、音乐（初一、初二）、图画（初一、初二）。高中是政治、语文、外语、数学、物理、化学、生物（高

高鹤松

1965—1966 年吴县木渎中学学生花名册

二）、历史（高三）、地理（高一）、体育。

1965 年，吴县木渎中学有初中 12 个班，高中 4 个班，共 16 个班。

1965 年，吴县木渎中学有教师 33 名，为：高鹤松、吴敏娟、韩秉直、彭隆望、姜礼芳、周振民、万鸣忠、徐耀中、吴毓人、吴君尹、张同鼎、卢宝智、黄友立、陶韵珉、倪上达、王亚兰、林美娟、徐茂本、沈国钧、朱焕清、徐秉仪、顾锦华、蒯炎辉、孙镇荣、严立、顾凤池、叶奕万、季左英、顾思懋、周祖九、殷绥来、王莹、徐炳荣、钟剑光、陈毅然、林萍、金维权、王其仁、翁金泉、佘正明、程志伟、孙英哲、陈文铭、郑家瑞、尤家熙等，及张福寿等 8 名教职员。

教师中，大学本科毕业的 13 人，大学本科肄业、大专毕业的 17 人，中专中师毕业的 3 人。

1965 年，学校传达毛主席"春节座谈会指示"和教育部关于学生要以红带专、为革命而学的报告，要求学生学习工人、农民、解放军的革命精神，以革命传统教育开路，批判片面追求升学率的思想，减轻学生课业负担，使学生在德智体各方面得到生动活泼、主动的发展。

吴县木渎中学 1966 届高中毕业生

1966 年初夏，学校在毕业班中大抓"一颗红心，多种准备"的教育。一些学生以下乡知识青年典型邢燕子、董加耕为榜样，毕业后回家乡劳动，成为回乡知识青年。

1966 年 4 月，高鹤松调离，任吴县农业高级中学校长。

1966 年 5 月，中共中央、国务院发出关于开展无产阶级"文化大革命"的"5·16"通知，"文革"狂飙在全国城乡大地掀起。

吴县木渎中学师生员工也与全国所有大中小学师生员工一样，卷入到"文革"浪潮中。师生在校内校外张贴大字报，参与到"破四旧"、上街游行、开批斗会辩论会、大串联、"斗、批、改"等所谓"革命活动"。学校教学秩序不再正常，无法按原先课表和科目、课本要求正常上课。随着"文革"混乱局面加剧，整个学校处于停课瘫痪状态。学校行政机构停止运行，学校图书馆中万册图书成废纸，理化仪器、体育器材、教学设施遭严重破坏。

一些学生组成红卫兵造反组织批斗学校领导和教师，在镇上贴大字报，参加吴县和苏州市的造反与派别活动。学校党政领导和一些教师被审查、批斗，关进

学生开展"斗批改"活动

1968年吴县木渎中学毕业证明书

"牛棚",身心受到严重摧残。大部分骨干教师被下放停止上课。至1968年清理阶级队伍时,学校50%的教职员工被打成"反革命",造成大批冤假错案。

1967年10月14日,中共中央、国务院、中央军委、中央"文革"小组发出《关于大、中、小学校复课闹革命的通知》。

1968年4月,当时木渎镇已成立的由军队、造反派、革命干部组成的三结合革命委员会,执行江苏省、苏州地区及吴县革命委员会的紧急通知,组织动员木渎各中小学恢复上课。至1968年6月,吴县木渎中学的学生造反派、外出大串联的学生及逍遥在家的学生陆续返校。6月24日起,"停课闹革命"达一年半的吴县木渎中学终于复课。

"文革"时期的1967年底,毛泽东主席发出"最高指示":"还是叫革命委员会好。"全国各地从省一级到工厂、学校的政权机构,全部称革命委员会。1968年7月3日,由学生造反派代表、教师代表、原学校领导组成的江苏省吴县木渎中学三结合革命委员会成立。吴敏娟任革命委员会第一副主任,朱焕清、李凤林任第二副主任。

1968 年 8 月 25 日，中共中央、国务院、中央军委、中央"文革"小组联合发出《关于派工人宣传队进驻学校的通知》。1968 年 9 月 4 日，吴县革命委员会与木渎镇、金山公社革委会决定：组建工农毛泽东思想宣传队进驻镇乡的中小学校。

由吴县动力机械厂工人组成的毛泽东思想宣传队（简称"工宣队"）进驻吴县木渎中学，负责领导抓"复课闹革命"。工宣队组织返校的 1966、1967、1968 届的学生，开展以阶级斗争为纲、批判修正主义教育路线的学习会和批判会。

从 1968 年 9 月起，学校工宣队已对 1966、1967、1968 届（"老三届"）学生进行下乡插队落户的动员工作。1968 年 12 月 22 日，《人民日报》刊登了毛主席的"最高指示"："知识青年到农村去接受贫下中农再教育，很有必要。要说服城市里干部和其他人，把自己初中、高中、大学毕业的子女，送到乡下去，来一个动员。""最高指示"一出来，学校工宣队、革委会加紧了对"老三届"学生下乡插队接受贫下中农再教育的动员工作。

当时的苏州地区行署为落实毛主席这一"最高指示"，组织建立了以吴县藏书公社为中心的知青下乡劳动工区。工区分别部署在木渎、善人桥、光福等沿公路的农村，接纳以吴县城镇为主的包括从木渎中学毕业的学生及社会知识青年下乡插队落户。

在 1968 年 10 月至 12 月，包含木渎中学在内的苏州地区县城及苏州市区的 1966、1967、1968 届中学毕业生，即所谓"老三届"全部到苏州地区的农村及农场插队（场）落户。吴县木渎中学初中至高中的 1966 至 1968 届的"老三届"学生，全部到吴县的金山公社、藏书公社、横泾公社等农村及农场插队落户。

1968 年 9 月，吴县木渎中学又从木渎镇东街的吴县师范学校校址，迁回道堂浜庙场的原校址。

吴县动力厂木渎五七学校（1969.1—1969.9）

1969 年 1 月 18 日，吴县动力机械厂工宣队为落实毛主席发出的"工人阶级领导一切"的"最高指示"，正式接管木渎中心小学、木渎民办小学、木渎中学，并对三所学校实施合并办学。

1969 年 1 月起，吴县动力机械厂工宣队将合并办学的木渎中心小学、木渎民办小学、木渎中学，统一名为"吴县动力厂木渎五七学校"。五七学校实行中小学一体的九年一贯制教学，废除考试留级制度，读到小学六年级的学生可以不用考试直接读七年级，成为中学生。

至 1969 年 5 月，在全国掀起的改地名、街名、店名的风潮中，木渎镇也一度改名为红旗镇。

1969 年 6 月 5 日，当时的吴县革命委员会与吴县红旗镇革委会决定：批准成立吴县动力厂木渎五七学校革命委员会。由方志良（吴县动力机械厂革委会副主任）兼任校革委会正主任；吴敏娟任第一副主任；卫关龙（工人代表）任第二副主任，朱焕清（教师代表）任第二副主任。

至 1969 年 9 月，原以吴县动力厂木渎五七学校名义合并办学的木渎中心小学、木渎民办小学、木渎中学，又分开独立办学。

吴县木渎中学（1969.9—1996.6）

因全国一度出现的任意更改地名、街名、校名风潮，引起行政管理与隶属关系的混乱，各地均做出复名更名的措施。苏州市文教卫革委会，在 1969 年末至 1971 年，相继对所属学校作了恢复"文革"前原校名和按数字顺序统一校名的决定（苏州中学就是在那时改名为苏州市第九中学）。

1969 年 9 月起，分开独立办学的原木渎中学又以吴县木渎中学的名称，正式"复课闹革命"。

复课后，木渎中学有初一 4 个班，初二 6 个班，高中 1 个班，共 11 个班级的学生到校上课。学校革委会与入驻学校的工宣队将各年级、班级采取军事体制编排，成立营、连、排三级组织。各营、连、排均派有一两名工宣队员领导学生"复课闹革命"。

教师根据当时下发的省编统一教材给学生上课，文化课以学习《毛主席语录》为主。学生的每学期学习及升级时都不需要考试，实施学生自然升级的直升学制，学生在这一混乱时期没有学到任何科学文化知识。

1969 年 12 月，经镇革委会党委批准，恢复吴县木渎中学的党组织活动，吴敏娟同志任学校党支部副书记。

1971 年，苏州城乡中小学实行五四新学制，中学实施四年学制。根据上级指示精神，吴县木渎中学在木渎工厂和附近农村建立学工学农基地，在学校建立校办工厂，组织学生分期分批劳动锻炼和勤工俭学。

1971 年 4 月，吴县木渎中学恢复团组织活动，建立团支部。

1972 年 3 月 5 日，江苏省吴县革命委员会政治工作组正式任命：原中共吴县县委宣传部部长、胜浦公社党委书记徐雄山同志，调任吴县木渎中学党支部书记兼革委会主任。

徐雄山

许诚意

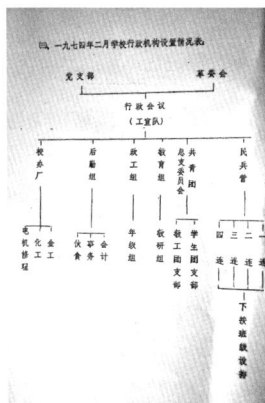

1974 年吴县木渎中学
行政机构设置情况表

朱焕清任吴县木渎中学革委会副主任。

1972 年，邓小平同志复出，教育战线出现了所谓的资产阶级教育思想回潮。一些学校开始重视抓教育质量。木渎中学也悄悄恢复了教师集体备课。教师努力为学生进行文化知识的传授，一时间学校教学秩序趋于稳定，学生学到了一些文化科学知识。

1973 年秋，全国开展批"右倾复辟回潮"。学校根据上级指示，开始实行"开门办学"。内容是学工、学农、学军，批判资产阶级。方法是"请进来，走出去"。"请进来"是请老工人、老贫农、解放军战士来校做报告或开座谈会；"走出去"是师生走出学校大门，到农村、工厂访问，实行"走与工农相结合的道路，接受阶级斗争和路线斗争教育"。这时期的学校教育已废弃"文革"前的各科教育内容，教学没有科学性系统性，学生学习形同虚设，教学水平严重下降。

1971 年至 1973 年，学校建面积 270.18 平方米的办公楼一幢。新建房屋 14 间，扩建了可以容纳 1000 人以上的大礼堂及附属房 20 间，校舍面积增加了 1842 平方米。增加了班级数与学生数。整顿和扩充了校办工厂。

1973 年，吴县木渎中学成为有初高中的完全中学。学校致力提高教育质量，成为当时苏州地区办学质量最好的学校，经常有省内外兄弟学校来校参观取经，索取学校办学经验、教师备课的资料。

1973 年，在江苏和苏州城乡出现大砍职业学校、盲目发展普通中学的潮流。木渎镇和金山公社也办了不少片办初中及小学戴帽初中，因片办初中及戴帽初中缺乏合格师资，教学水平低下，木渎中学一时成为这些片办初中和戴帽初中的辅导中心校。

1973 年 5 月，吴县木渎中学将学校团组织名称恢复为团总支。

1973 年 12 月 23 日，吴县革委会调原金山公社党委副书记许诚意，担任吴县木渎中学党支部书记兼革委会主任。

王其仁为吴县木渎中学革委会副主任。

学校的行政机构设置为：党支部与革委会通过有工宣队参与的行政会议，实施学校工作的领导。下设：政工组、教育组、后勤组、团总支、民兵营及校办厂。

1974 年，吴县木渎中学有教师 48 人，为：曹玉瑛、程玉筬（语文）、储忠林（物理）、顾凤池（数学）、顾静珍（物理）、郭金培（地理）、黄友立（数学）、季玉英（数学）、季左英（英语）、林美娟（语文）、陆惠芳（政治）、陆培德、倪汉芬（语文）、邱祖德（数学）、邵文渊（英语）、邵珍（语文）、沈立新（化学）、孙雅青（体育）、孙镇荣（数学）、孙仲瑞（语文）、唐念曾（不详）、万鸣忠（政治）、王乃良（语文）、王全元（数学）、王莹（图画）、翁金泉（体育）、翁蕴芳（不详）、吴鸿泉（政治、农科）、吴振鹏、席如玉（语文）、夏斯金（语文）、夏云生（体育）、邢惠林（语文）、徐迪芳（数学）、徐雪珍（不详）、杨润瑞（农基）、杨元欣（英语）、叶奕万（数学）、尤家熙（语文）、余正明（音乐）、俞觉先、袁家林（语文）、张家茂（语文）、郑思源（英语）、郑万岑（化学）、周传庆（物理、英语）、周俊德（化学）、周莲芬（英语）、周永华（数学）、邹永华（语文）。职员有 14 人。

教师中，大学本科毕业的 10 人，本科肄业、大专学历的 27 人，高中、中师、中专学历的 11 人。

1974 学年度，吴县木渎中学有初中 8 个班，高中 10 个班，共 18 个班级，学生近 1000 人。

1974 年，学校落实上级关于搞好厂（社）挂钩办学的要求，建立了工人教师学生三结合领导小组，成立了中学工农兵讲师团，聘请工人农民讲师来校上课。尽管学校原有学科教师坚持按教材和正常课表及教时上课，但由于师资队伍的混杂，和违背教育规律的做法，仍然造成学校教学质量出现大幅下落趋势。

1975 年至 1976 学年度，吴县木渎中学有教师（不含工农讲师）52 人，为：

上世纪70年代吴县木渎中学学生

曹锁海（政治）、程玉筬（语文）、储忠林（物理）、顾凤池（数学）、顾静珍（物理）、郭金培（地理）、黄友立（数学）、季玉英（数学）、季左英（英语）、李慧芳、林美娟（语文）、陆惠芳（政治）、陆培德、倪汉芬（语文）、邱祖德（数学）、邵文渊（英语）、邵珍（语文）、沈立新（化学）、沈荃福（体育）、孙雅青（体育）、孙镇荣（数学）、孙仲瑞（语文）、唐念曾、万鸣忠（政治）、王乃良（语文）、王全元（数学）、王莹（图画）、翁金泉（体育）、翁蕴芳、吴鸿泉（历史）、席汝玉（语文）、夏斯金（语文）、夏云生（体育）、邢惠林（语文）、徐迪芳（数学）、杨润瑞（农基）、杨元欣（英语）、叶奕万（数学）、尤家熙（语文）、余正明（音乐）、俞觉先、袁家林（语文）、张家茂（语文）、张建明、张琦、郑思源（英语）、郑万岑（化学）、周传庆（物理、英语）、周福南、周莲芬（英语）、周永华（数学）、邹永华（语文）。

1976年10月，"四人帮"被粉碎。动荡了十年的"文革"终于结束。全国教育等各条战线在批判"四人帮"和拨乱反正中，逐步走上文化教育与国民经济各项事业健康发展轨道。

1976年11月，吴县木渎中学健全团组织活动，吴鸿泉任学校团总支书记。

吴县木渎中学的教育教学及学校工作也在拨乱反正中逐步走上正确轨道。学校组织全校师生批判肃清"文革"中种种破坏学校秩序、破坏师生关系的现象与罪行。1978年，学校给80名在"文革"中受到批判的教师予以平反。在1979年中，给14名教师落实了政策，还调来3名从外单位落实政策的优秀教师。

学校工作的方向与重点也重新放在贯彻党的教育方针、抓教育教学秩序的恢复与稳定上，解除了"文革"中对自己造成的伤害，广大教师焕发了极大的积极性，全身心地投入教书育人之中。教师们努力调动学生学习的积极性，培养学生的学习兴趣，促进学生德智体全面发展，学校教育工作走上了正确轨道。

1976—1977学年度，吴县木渎中学有教师52人，为：曹锁海（政治）、程玉筬（语文）、储忠林（物理）、顾凤池（数学）、顾静珍（物理）、郭金培（地理）、黄友立（数学）、季玉英（数学）、季左英（英语）、李慧芳、林美娟（语文）、陆惠芳（政治）、陆培德、倪汉芬（语文）、邱祖德（数学）、邵文渊（英语）、邵珍（语文）、沈立新（化学）、沈荃福（体育）、孙雅青（体育）、孙镇荣（数学）、孙仲瑞、唐念曾、万鸣忠（政治）、王乃良（语文）、王全元（数学）、王莹（图画）、翁金泉（体育）、翁蕴芳、吴鸿泉（历史）、席汝玉（语文）、夏斯金（语文）、夏云生（体育）、邢惠林（语文）、徐迪芳（数学）、杨润瑞（农基）、杨元欣（英语）、叶奕万（数学）、尤家熙（语文）、余正明（音乐）、俞觉先、袁家林（语文）、张家茂（语文）、张建明、张琦、郑思源（英语）、郑万岑（化学）、周传庆（物理、英语）、周福南、周莲芬（英语）、周永华（数学）、邹永华（语文）。

从1977年开始，吴县木渎中学响应江苏省委发出的在全省更广泛地开展学习雷锋活动的指示，组织师生走上木渎镇街头，开展学习雷锋、为人民服务活动。

1977年2月，王锋任吴县木渎中学革委会副主任。

1977年，因吴县木渎中学教育教学工作成绩优异，学校被评为苏州地区文教先进集体。

在上世纪70年代，吴县木渎中学培养出一大批品学兼优的优秀学子，不少成了专家、党政领导干部等。如1970届毕业生金海龙，曾任吴中区区长、吴中区委书记、吴中区人大常委会主任、苏州太湖国家旅游度假区党工委书记、苏州市政协副主席等领导职务。1974届毕业生孙卓，曾任苏州市妇联副主席、吴县市副市长、吴中区委副书记、吴中区政协主席、吴中区人大常委会主任等领导职务。1975届毕业生孟继鸿，先后获学士、硕士、博士学位，成为病原生物学与免疫学专家、铁道部有突出贡献专家、江苏省青蓝工程学术带头人。

1977年秋，邓小平同志做出恢复高考制度的指示。原吴县木渎中学一批在"文革"中被耽误学业的老三届毕业生，以及70年代的毕业生参加了高考。在1977

金海龙
1970 届毕业生

孙卓
1974 届毕业生

孟继鸿
1975 届毕业生

陈振一
1977 届毕业生

俞一彪
1978 届毕业生

诸敏刚
1979 届毕业生

年至 1982 年，有 591 人考取本专科高校，143 人考取中专学校。

其中，15 岁的 1977 届吴县木渎中学应届毕业生郁建民，以高分考取浙江大学物理系，毕业后留校参加我国第一代高频大功率集成电路的研制工作。1983 年公派出国赴美国伍斯特理工学院深造，获博士学位。

这些在恢复高考制度后考取高校的吴县木渎中学优秀学子中，有不少成了专家、学者，或出国深造。据不完全统计，其中有 55 人获得硕士、博士学位。

如 1977 届毕业生陈振一，恢复高考后考取师范院校，回母校任教，后成长为领导干部，先后担任苏州团市委书记，苏州市、无锡市委副书记，无锡市政法委书记，现任苏州市人大常委会主任。恢复高考后考取大学的 1978 届毕业生俞一彪，先后获工学学士、硕士、博士学位，现为信息工程专家。恢复高考后考取大学的 1979 届毕业生诸敏刚，现任知识产权出版社有限公司董事长。

高考制度的恢复，极大鼓舞了吴县木渎中学教师教书育人的积极性。各学科教师在完成课堂教学任务的同时，主动利用课余时间为学生补课，在学生中开展各学科的竞赛活动，全校呈现出教师专心治教、学生认真学习的良好育人氛围。

七、跃上跨越发展新征程

走向办学辉煌——成为吴县重点中学（1978.2）

1978年2月，是吴县木渎中学迈向办学辉煌之路的起点：经教育部门与专家评估验收，吴县木渎中学被确定为吴县重点中学。学校高中部首次面向全县招收新生两个班。

从1978年开始，为了满足广大学子接受高等教育的愿望，学校决定创设"中五班"，招收两年制高中生入学。教师们根据学生状况，注重在发展智力、培养能力、提高质量上下功夫，兢兢业业施教。所招收的连续三届"中五班"学生，升学率年年都在95%以上，而且多数考取了重点高校。吴县木渎中学一时声名远播。有江浙沪两省一市、苏南、苏北许多学校慕名来访、参观、座谈、听课、交流。

1978年起，苏州各中小学在进行拨乱反正中，对学校行政体制作恢复性调整：校革委会恢复为校长制，恢复校长称号。将"政工组"恢复为办公室，"教育组"恢复为教导处，"后勤组"恢复为总务处。

1978年3月，吴县文教局调何钰（原吴县东山中学校长）任吴县木渎中学副校长、党支部副书记。

1979年3月12日，吴县文教局任命许诚意为吴县木渎中学校长、党支部书记。何钰、范钦逑为副校长。

学校为提升现代化办学条件，加强学校基本建设。1978年8月，建筑面积1778.64平方米的教学楼竣工。

1979年9月，建筑面积932平方米的"长征楼"建成。建筑面积达926.76平方米的学校第一幢教工住宅建成。

1978年，党中央召开十一届三中全会，实行对内改革对外开放政策，吹响了

吴县木渎中学校门

教学楼

长征楼

1978 年学生上体育课

中国改革开放的号角。20 世纪 70 年代末至 90 年代，吴县木渎中学在改革开放洪流的激荡下，焕发出改革的蓬勃生机和发展的无限活力。

学校党政领导以党中央的战略决策为指导思想，组织教职员工学习领会改革开放新时期的变化发展形势，凝聚改革共识，坚定改革方向，以党的教育方针为指引，努力探索学校的教育改革新路。

学校在抓德育中，逐步形成新生入学教育、主渠道渗透德育教育、建立校外德育基地、采用"家庭联系册"等有效的德育工作形式与特色。学校注重学生身体素质的提高，经常性开展课外锻炼，组织学生运动会。

学校把抓好教师队伍的建设作为实施素质教育、提高教育质量的重要保证。首先，抓好班主任的配备，着力建立一支具有优良素质的班主任队伍；其次，注重优化备课组的结构，充分发挥备课组的群体作用；再次，是强调各学科教师的互相配合，互相支持，协同抓教学方法的研讨。

学校强调"以生为本，精心育人"，注重在大面积提高教育质量上下功夫，既抓全面，又抓尖子，培养了一大批优秀毕业生，不少学子成长为专家、学者、

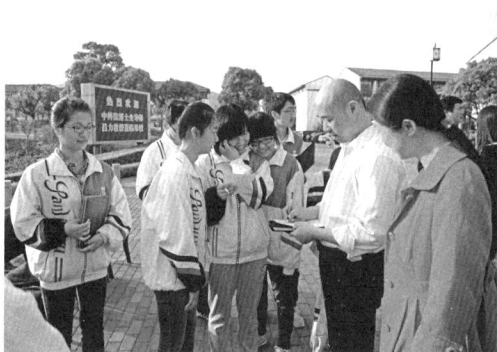

1978 届毕业生吕力（右二）

1980 届毕业生郁多男（右一）

1981 届毕业生胡征

有突出贡献的科学家。

其中，1978 届高中毕业生吕力，先后获得物理硕士、博士学位，他对尖端的碳物理与超巨磁阻样品的研究处于国际领先地位，被评为全国"有突出贡献的青年科学家"，获国家杰出青年基金。

1980 届毕业生张小春，以高分考取南京大学，后去日本留学深造，成为环境保护专家。

1980 届毕业生郁多男，现任扬州大学医学院教授、博士生导师，是生物医学研究专家。

1981 届毕业生胡征，先后获学士、硕士、博士、博士后学位，主持十余个国家级科技项目研究，获江苏省青年科学家奖。

1981 届毕业生许文林，先后获学士、硕士、博士学位，是科技部、教育部、国家自然科学基金的评审专家。

1978 年，吴县木渎中学被评为苏州地区先进集体。

1978 年 12 月，吴县木渎中学团总支书记为张炳元。

1979 年 4 月，吴县木渎中学正式恢复教育工会组织活动，王乃良任教育工会主席。

1979 年，吴县文教局、吴县木渎中学对在"文革"中受到"冲击""批斗"的教师落实政策。彭淑贞等教师获得政治上的解放，极大调动了这些教师的工作积极性。

1979—1980 学年度，吴县木渎中学有教师 56 人，为：曹锁海（政治）、程玉箴（语文）、储忠林（物理）、顾凤池（数学）、顾静珍（物理）、郭金培（地理）、黄友立（数学）、季玉英（数学）、季左英（英语）、李慧芳、李倬良、林美娟（语文）、陆惠芳（政治）、陆培德（数学）、马如云（语文）、邱祖德（数学）、邵文渊（英语）、邵珍（语文）、沈立新（化学）、沈秋明（外语）、沈荃福（体育）、孙雅青（体育）、孙镇荣（数学）、孙仲瑞、唐念曾、万鸣忠（政治）、王乃良（语文）、王全元（数学）、王守让（生理卫生）、王莹（图画）、翁金泉（体育）、吴鸿泉（历史）、吴虞文（生化）、夏斯金（语文）、夏云生（体育）、邢惠林（语文）、徐迪芳（数学）、徐寿宝（语文）、杨润瑞（农基）、杨元欣（英语）、叶奕万（数学）、尤家熙（语文）、余振冠（数学）、余正明（音乐）、俞觉先（语文）、袁家林（语文）、张建明、张琦、郑思源（英语）、郑万岑（化学）、周传庆（物理、英语）、周福南、周莲芬（英语）、周永华（数学）、周永沛（语文）、邹永华（语文）。

学校进一步扎实推进素质教育，强调德智体美劳五育并举，提出"学雷锋、讲守则、树新风、创三好"口号，制定了"一日常规"制度，切实抓好学生行为习惯教育和思想政治教育。

1979 年 9 月，吴县木渎中学高一（1）班学生、校团支部书记、学生会副主席孙诚慧（女）被光荣评为全国青年新长征突击手、全国三好学生，受到团中央、教育部的表彰。学校号召全校学生向孙诚慧学习，举行孙诚慧同学先进事迹报告会。（孙诚慧于 1982 年考入中国人民解放军第二军医大学）

1979 年 9 月，学校教育工会主席王乃良调任吴县东山中学副校长。1980 年 2 月，何钰兼任学校教育工会主席。

1980 年，吴县木渎中学被光荣评为江苏省先进集体。4 月，江苏省政府在南京召开表彰大会，省长惠浴宇在大会上颁布给吴县木渎中学的嘉奖令。嘉奖令全文为："吴县木渎中学在社会主义现代化建设中，成绩优异，特予嘉奖。此令。省长：惠浴宇。"

吴县木渎中学校长许诚意赴南京参加表彰大会，并代表学校领受惠浴宇省长颁发的嘉奖令。

1980 年 4 月，徐东圻被评为江苏省劳动模范，并赴南京出席江苏省劳动模

上世纪 80 年代木渎中学教师认真备课　　上世纪 80 年代木渎中学数学组教师

范、先进工作者代表大会。

1980 年，吴县木渎中学的教育质量进一步得到有效提升。在该年的高考中，学校应届高中毕业生范力群、陈杰以优异成绩被清华大学录取。

1980 年，建筑面积达 1264 平方米的食堂建成。1980 年 9 月，建成第一幢教工宿舍楼，面积 946.98 平方米。

初铸办学辉煌——成为江苏省首批重点中学（1980.12）
［吴县木渎中学成为苏州铁道师院附属中学（1988.9）］

1980 年 10 月 14 日，国家教育部指出"办好重点中学是迅速提高中学教育质量的一项战略措施"，向各省市自治区颁发《关于分期分批办好重点中学的决定》。

吴县文教局、苏州地区教育局将吴县木渎中学推荐为江苏省重点中学的评定名单。1980 年 12 月，吴县木渎中学被江苏省教委正式评定为江苏省首批办好的

95 所重点中学之一。

1980 年 12 月 19 日起，吴县木渎中学的学校工作由副校长、党支部副书记何钰主持。

范钦逊、俞觉先任吴县木渎中学副校长。

1981 年 7 月，学校建成建筑面积 1143.01 平方米的师生饭厅。

1981—1982 学年度，吴县木渎中学有教师 75 人，为：曹锁海（政治）、曹玉瑛（数学）、查应龙（物理）、陈福林（语文）、陈佳兰（音乐）、陈建华（语文）、陈泽诞（外语）、程玉箴（语文）、储忠林（物理）、杜正国（物理）、范钦逊（化学）、傅永梁（政治）、顾凤池（数学）、顾金根（政治）、何磊（语文）、何钰（地理）、季玉瑛（数学）、金坚如（语文）、李全福（数学）、李卓良、林美娟（语文）、卢景玫（外语）、陆培德（数学）、陆文达（历史）、马如云（语文）、马晓人（化学）、倪兆昌（体育）、潘力行（语文）、潘蕴春（体育）、彭淑贞（音乐）、邱伟民（数学）、邵文渊（外语）、沈国均（语文）、沈立新（化学）、沈秋明（外语）、石巍（物理）、孙雅青（体育）、孙镇荣（数学）、汤趾麟（物理）、唐水金（化学）、万鸣忠、王蓓丽（语文）、王惠菊（化学）、王茂庭（生物）、王全元（数学）、王守让（体育、生理卫生）、王莹（美术、地理）、翁金泉（体育）、吴放（地理）、吴鸿泉（政治）、吴积成（语文）、吴季平、吴虞文（化学）、席海根（语文）、夏云生（数学）、邢会令（历史）、徐炳荣（化学）、徐迪芳（数学）、徐东圻（数学）、许诚意、杨闰瑞（生物）、姚允恬、叶奕万（数学）、余振冠（数学）、俞觉先（语文）、翟惠（外语）、张炳元（政治）、张伯英（数学）、张桂余（政治）、赵季康（数学）、郑思源（外语）、周传庆（物理）、周莲芬（外语）、周永沛（语文）、朱克禋（物理）。

从上世纪 80 年代起，吴县木渎中学在实施素质教育时，注重大面积提高教育质量，并根据初中段与高中段的不同育人特点，抓好学生的德、智、体全面发展，形成了自成体系而有效的初高中分段教育经验。

在抓初中段教育过程中，学校从初一新生入学开始就狠抓学生行为习惯、学习常规的教育与训练。抓好起始学科的巩固教学，认真落实"两基"，加强分类指导，改进教学方法，切实做好差生的转化工作。

在抓高中段教育教学过程中，注重优化教学过程，强化启发性，加强学习与方法的指导。强调素质教育的主体性、全面性，注重学生能力的培养，使高中学生的各项素质均有明显提高。

1981 年，高三应届毕业生姚为民以优异的高考成绩被北京大学录取。

1981 年 10 月 12 日至 17 日，苏州地区教育局组织全地区 11 所重点中学的校长来吴县木渎中学，听取学校抓好初中与高中段分段教育教学的经验，观摩和视

何钰

育才楼

导学校的教育教学现场活动。

1981 年 11 月，由吴县文教局拨款，学校建成建筑面积达 758.59 平方米的育才楼。

1981 年 12 月，孙雅青老师被评为苏州地区优秀体育园丁。

1982 年 4 月 11 日，学校邀请上海市嘉定二中语文特级教师钱梦龙老师来校借班上课。钱梦龙老师上的是初二语文课本中的说明文《中国石拱桥》，有县内外 500 多位老师前来观摩听课。

1982 年 3 月，顾兆康任吴县木渎中学党支部副书记、副校长。1982 年 11 月，顾兆康兼任学校教育工会主席。

1982 年 3 月，高三（2）班学生马卫民被评为江苏省三好学生及团中央、教育部表彰的三好学生。

1982 年 4 月，因学校注重提高学生身体素质，积极开展体育教学，学生在县、地区级运动会上频频取得好成绩，被评为苏州地区群众体育先进集体。

1982 年 9 月，副校长范钦逖调离，任吴县文教局副局长。

1983 年出席吴县中学生运动会的运动员

1982 年 6 月 8 日，高三（2）班学生顾最勇经省招飞领导小组审批决定，录取为中国人民解放军飞行学员。

1982 年 7 月，由吴县文教局拨款，建成建筑面积 1676.45 平方米的学生宿舍楼一幢，建成建筑面积 168 平方米的总务办公室。

1982 年，学校在抓教育质量时，注意严格按教学大纲办事，克服单纯追求升学率现象。严格控制课时，严格控制学生课外作业量，严格控制考试次数，开展多种形式的课外活动，注意改进教学方法，提高教学效率，取得显著育人效果。

1982—1983 学年度，吴县木渎中学有教师 77 人，为：曹锁海（政治）、曹慰祖（历史）、曹玉瑛（数学）、陈建华（语文）、陈泽诞（英语）、陈振一（政治）、程玉箴（语文）、顾凤池（数学）、顾金根（政治）、郭白男（地理）、何磊（语文）、胡怡亭（英语）、黄庆新（语文）、季玉英（数学）、金家顺（外语）、金坚如（语文）、李强（体育）、李全福（数学）、林美娟（语文）、卢璟玖（英语）、陆明观（英语）、陆培德（数学）、陆文达（历史）、陆兴龙（语文）、马如云（语文）、马晓人（化学）、倪兆昌（体育）、潘力行（语文）、潘蕴春（体育）、彭淑贞（音乐）、邵文渊（英语）、

上世纪 80 年代初木渎中学学生
在认真上课

1982 届高三（3）班毕业生合影

沈国均（语文）、沈立新（化学）、沈秋明（英语）、沈一诚（物理）、石巍（物理）、
孙大烺（生化）、孙雅青（体育）、孙镇荣（数学）、汤趾麟（物理）、陶仁荣（生物）、
王蓓丽（语文）、王大正（语文）、王金元（数学）、王茂庭（生物）、王守礼（体育）、
王莹（美术）、翁金泉（体育）、吴放（历史）、吴鸿泉（政治）、吴积成（语文）、
吴唯敏（体育）、夏云生（数学）、邢惠龄（历史）、徐炳荣（化学）、徐德广（物理）、
徐迪芳（数学）、杨凤贵（语文）、杨润瑞（政治）、杨元欣（英语）、姚康尔（化学）、
叶奕万（数学）、余振冠（数学）、翟惠（英语）、张炳元（政治）、张伯英（数学）、
张桂余（政治）、张启琏（语文）、张少怡（数学）、张桢（英语）、赵季康（数学）、
赵唯一（物理）、郑思源（英语）、周传庆（物理）、周莲芬（语文）、周永沛（语文）、
朱克禋（物理）。

　　1982 年 9 月 15 日，木渎中学一位令人尊敬的老园丁——尤家熙先生逝世，
终年 57 岁。尤老于 1948 年 9 月，即在学校前身——吴县县立初级实用职业学校
创办时任教员。1952 年至 1961 年，先后任吴县初级中学、吴县县立木渎中学、
苏州市木渎初级中学、吴县木渎中学教导主任，达 11 年，在木渎中学连续默默工

1982 届毕业生顾青

吴县木渎中学 1983 年学生代表大会

作 34 年，奉献了一生心血，为木渎中学提升教育质量和持续发展做出了可贵贡献。

1982 年，高三应届高中毕业生顾青以优异的高考成绩，获 1982 年江苏省高考理科状元，顾青与同届高三毕业生陈永明均被北京大学录取。陆建明同学被复旦大学录取。

顾青在北京大学数学系毕业，获学士学位后，赴美国深造，获硕士、博士学位。回国后，又在北京大学获博士后。现在华东师范大学任副教授。

1983 年 3 月，苏州实行市管县（市）体制，原苏州地区行署撤销，吴县、吴江、昆山、常熟、太仓、张家港六县属苏州市直接管辖。

1983 年 4 月 9 日，吴县木渎中学建立共青团委员会，张炳元任团委书记，陈振一任团委副书记。

1983 年 5 月，吴县木渎中学召开学生代表大会，建立吴县木渎中学学生会。

1983 年 4 月，俞觉先老师被评为吴县劳动模范。

1983—1989 年学校连续七年被评为吴县文明单位。

1982年学校举行秋季运动会

1983 年，吴县木渎中学确定教风：严谨科学、热爱学生、言传身教；学风：勤奋刻苦、善于思索、一丝不苟。

1983 年，吴县木渎中学高二（3）班被评为江苏省先进班集体，高二（2）班学生王勇平被评为江苏省三好学生。

1983 年，学生王文建、徐正方分别获全国数学竞赛二、三等奖。王文建、徐正方同学后分别考取复旦大学、华东工学院。

1983 年 7 月，我国高校首次试行推荐和考试相结合的招生办法，吴县木渎中学分别向清华、南大、浙大等 11 所高校推荐了 19 名优秀毕业生。其中，绝大多数毕业生被著名高校录取。

1983 年，高三应届毕业生郁新华以优异的高考成绩被北京大学录取，苏林龙、金培华、王雪峰同学被清华大学录取。

学校在获得吴县、苏州地区级体育活动先进集体称号基础上，进一步开展学生课外锻炼活动，形成体育教学与运动特色。1983 年 12 月，学校获省教育厅、省体委、省卫生厅颁发的"学校体育卫生工作验收证书"。

从 1978 年至 1983 年，学校在改善办学条件上的投资达 97.6 万元，建成建筑面积达 8817 平方米的教学、实验办公楼，用于添置教学设施设备的投资达 10 万元以上，全部更新可供 1000 名学生使用的课桌椅，学校图书馆的藏书达 2 万余册。

从 1980 年起，学校根据国家教育部颁布的《中学生守则》，加强了中学生基本要求和行为规范的常规教育，强调以发扬先进弘扬进步为主，做好后进学生、差生的思想转化工作。在抓好教育教学中，注重培养学生能力，发展学生智力，提高教育质量。并围绕"立志成材，为祖国四化从我做起，从现在做起"的主题，组织开展主题班会、故事会、学习交流会、中队会等宣传教育活动。

从 1981 年起，学校开展以"五讲四美三热爱"教育为中心内容的"学雷锋、树新风"活动。学校经常组织团员、少先队员和学生，走上街头，走进福利院、孤寡老人家里，开展"我为社会送春风"活动，开展维护交通秩序、打扫马路、宣传文明礼貌、祭扫烈士墓、为孤老送温暖等活动。学校坚持开展评选"文明班级""文明集体"，创建"文明学校"活动。

1984 年 1 月 7 日，吴县木渎中学召开首届一次教职工代表大会，正式代表特邀代表共 53 人。学校恢复以教师为主体的教职工代表大会制，以促进和加强学校的民主管理和民主监督。1984 年 12 月，潘力行任学校教育工会主席。

1984 年 1 月，由吴县文教局拨款建成的建筑面积 1340 平方米的实验楼竣工，并投入使用。

1984 年 8 月，学校建成建筑面积 376.464 平方米的教师集体住宅。

1984 年春，苏浙沪语文研讨会第七次年会在吴县木渎中学召开。有来自苏浙沪各所中学的校长、语文教师 200 余人参加。与会者围绕如何在作文教学中培养学生自学能力的课题进行研讨。

1984 年 9 月 3 日下午，中国女排主教练袁伟民访问木渎中学。袁伟民向全县中学体育教师和木渎中学师生作了中国女排勇夺"三连冠"为国争光的报告。还与当年中学同窗、教师储忠林叙谈。

1984 年，学校继续保持致力提高学生身体素质、在学生中开展体育活动的传统，学生在县、地区学生运动会上夺金掠银，为学校争取荣誉。

1984 年下半年，全国 21 个省市 300 多所中学的 10 万多名学生参加了由《中学语文教学》编辑部主办、吴县木渎中学语文教研组协办的"中学语文开发智能友谊邀请赛"。1984 年 12 月 4 日至 6 日，在吴县木渎中学召开邀请赛总结大会，著名作家陆文夫到会，为学生作报告。著名语文特级教师于漪、陈钟梁等作了专题讲座。

吴县木渎中学首届一次教代会

1984 年袁伟民与木渎中学学生

1984 年木渎中学学生获吴县
田径运动会第一名

全国高中数学开发智能邀请赛在木渎中学举
行，前排左三为谷超豪教授

1984 年 10 月 14 日，苏州市政治学科教学管理经验交流会在吴县木渎中学召开，苏州市各县市的政治学科教师和校长 100 余人出席交流会。

1984 年 12 月 7 日到 10 日，江苏省物理学会中学物理教学研究会 1984 年年会在吴县木渎中学举行。苏州大学物理系主任许国良、苏州中学物理特级教师吴保让等作了学术报告。

1984 年 12 月，江苏省物理学会年会在吴县木渎中学召开，全省 100 多位物理教师代表出席了年会。

1983 年至 1985 年，吴县木渎中学连续三年被评为吴县文明单位。

1984 年至 1985 年，吴县木渎中学连续两年被评为苏州市文明单位。

1984 年底，由吴县文教局拨款及学校自筹资金建造的第二幢建筑面积 769.4 平方米的教工宿舍楼落成。

1985 年 1 月 26 日至 28 日，由吴县木渎中学数学教研组主办、有 25 个省市 8

马澄玉

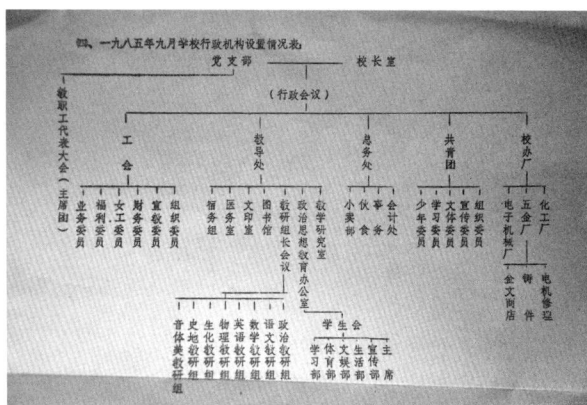

1985 年吴县木渎中学行政机构设置情况表

1985 届初中毕业生

万多名学生参加的"中学数学开发智能友谊邀请赛"举行。邀请赛得到复旦大学的大力支持，著名数学家、复旦大学副校长谷超豪教授专门题词：数学是各种科学的基础，必须努力学好。1985 年 5 月 12 日至 14 日，在木渎中学举行了邀请赛总结报告会，谷超豪教授、苏州中学数学特级教师葛云书等向学生作了生动报告。

1985 年 3 月，吴县文教局任命马澄玉为吴县木渎中学校长、党支部书记。

何钰为吴县木渎中学副校长、党支部副书记，俞觉先为吴县木渎中学副

1985 届高三（3）班毕业照

校长。

1985 年 8 月，顾兆康调任吴县木渎第二中学党支部书记。

为强化学校的内部管理机制，推动学校工作得到更好的运行与发展，以马澄玉为校长、党支部书记的学校党政领导班子健全加强了学校行政机构设置。

吴县木渎中学在改革开放的洪流中，致力正确贯彻执行党的教育方针，大力推行教学改革与研究，全面提高教育质量。学校初中毕业生毕业率、升学率良好，相当比例的学生升入高一级重点或中专学校继续学习。

恢复高考以来，学校共有 915 名优秀高中毕业生考入高等院校，194 人考取中专。他们中有 52 名考取攻读硕士学位的研究生，5 名出国留学。

学校新领导班子抓住我国进入全面深化改革新时期，城乡及教育界正迈开改革开放步伐的大好契机，提出"再铸办学辉煌，争创重点中学领头羊"的发展目标，团结全校教职员工解放思想更新观念，努力在改革与创新中创造学校发展的

陈云夫人于若木（立右二）、谢觉哉夫人王定国（坐者）考察木渎中学

新辉煌。

学校确立德育为首、育人为本的指导思想，把实施素质教育、大面积提高初中和高中教育质量，作为再铸办学辉煌、争创省重点中学领头羊的主战方向来抓。

1985—1986学年度，吴县木渎中学有教师95人，为：蔡永延（化学）、曹锁海（政治）、曹慰祖（历史）、曹玉瑛（数学）、陈福林（语文）、陈鹤鸣（语文）、陈泽诞（外语）、程玉箴（生物）、储忠林（物理）、范明（外语）、顾凤池（数学）、顾金根（政治）、顾庆旋（物理）、顾正青（外语）、郭白男（地理）、郭耿荣（数学）、何磊（语文）、何钰、黄庆新（语文）、季敏（化学）、季玉瑛（数学）、金嘉顺（外语）、柯宁（外语）、李全福（数学）、林美娟（语文）、卢景玫（外语）、陆彩芝（外语）、陆济民（外语）、陆明观（外语）、陆培德（数学）、陆泉源、陆小平（数学）、陆兴龙（语文）、马澄玉（数学）、马如云（语文）、马晓人（化学）、倪兆昌（外语）、潘国庆（语文）、潘力行（语文）、彭淑贞（美术）、沈国均（语文）、沈立新（化学）、沈秋明（外语）、沈荃福（音乐）、石巍（物理）、孙大娘（化学）、孙雅青（体育）、孙钲荣（数学）、汤趾麟（物理）、陶仁荣（生物）、童慧芬（语文）、王大正（语文）、王国森（物理）、王勤源（体育）、王全元（数学）、王莹（政治）、翁金泉（体育）、吴放（地理）、吴鸿泉（政治）、吴天荣（物理）、吴唯敏（体育）、吴耀培（数学）、邢惠龄（历史）、徐炳荣（化学）、徐东圻、徐凤良（生物）、徐军（数学）、薛亚春（政治）、杨闻瑞（历史）、杨元欣（外语）、姚康尔（化学）、叶奕万（数学）、殷永德（语文）、余振冠（数学）、俞觉先（语文）、翟惠（外语）、张炳元（政治）、张伯英（数学）、张桂余（政治）、张嘉巽（语文）、张启琏（语文）、张少怡（数学）、赵季康（数学）、赵唯一（物理）、郑思源（外语）、周彬（外语）、周传庆（物理）、周惠仓（历史）、周莲芬（语文）、周永沛（语文）、周志宏（物理）、朱克禋（物理）、朱象洪（生物）、朱宗黔（化学）、邹福林（历史）。教职员、校办厂工人有 72 人。

1985 年 6 月，吴县木渎中学有查金荣、施建华、沈湘群、朱水兴、徐春明、陈卫东、凌桂香、干菊英等 8 名优秀高中毕业生获得免试保送进入我国 8 所著名高校深造的资格。

1985 年 8 月，学校与苏州大学合办的中学语文教材教法暑期讲习班在木渎中学举行，来自全国的 200 名语文教师参加了讲习班学习。

1985 年 9 月 9 日，学校隆重举行我国第一个教师节庆祝与表彰大会。

1985 年 10 月 5 日下午，无产阶级革命家陈云同志的夫人、全国政协常委于若木同志，无产阶级革命家谢觉哉同志的夫人、全国政协常委王定国同志在县委顾问徐彦同、副县长俞捷陪同下视察木渎中学。两位老同志在学校了解了学生的身体素质、健康发育状况，并与师生举行了座谈。

1985 年下半年，由学校生化教研组编写的一套高中化学复习单元练习卷，因针对性、实用性强，竟至有全国 12 个省市的 300 多所学校 6 万多名学生订阅练习。

1985 年 11 月 2 日—6 日，全国十二省市中学化学教改研究会在吴县木渎中学举行。

1985 年 12 月 13 日—14 日，有全国 13 个省、市、自治区近千名学生参赛的中学英语邀请赛授奖大会在吴县木渎中学举行。

1985 年，学校被吴县县委、县政府评为吴县文明卫生单位。

1985 年底，建筑面积 450 平方米的第二幢学生宿舍楼建成。

1985 年，潘力行被苏州市人民政府授予"苏州市劳动模范"称号。

1985 年，学校党支部认真贯彻落实党的知识分子政策，做好在教师中发展党员的工作。一年中，先后有吴鸿泉、陶仁荣、汤趾麟、曹锁海、陈建华、赵季康、林美娟、沈荃福等 8 位同志入党。

1986 年 1 月，储忠林任学校党支部副书记。1986 年 2 月，赵季康任副校长。

学校继续保持良好的教育质量，在上世纪 80 年代，吴县木渎中学的教育质量

1986 届初三（1）班毕业照

1986 届高中毕业生

1986 届高三（3）班李黎（左四）获李政道奖学金

在吴县、苏州市名列前茅，成为引人关注的名校。

吴县木渎中学 1986 届应届高中毕业生李黎在高考中成绩优异，获李政道奖学金。

学校教师注重对学科教学进行行之有效的教研活动，在政治、物理、语文、英语等多学科上形成鲜明的教研经验，引起各地学校与科研部门关注。苏州市、江苏省、全国级的学科教学研讨会相继于 1986 年在木渎中学举行：

1986 年 4 月 1 日—3 日，全国政治学科教学研讨会在吴县木渎中学召开，有来自上海、浙江、山东、江苏、四川、安徽、广西、江西的 89 位代表参加研讨。

1986 年 4 月 9 日，苏州市及各县重点中学教研组长会议在吴县木渎中学召开，苏州市及各县重点中学 30 余位教研组长参加会议。

1986 年 8 月，全国中学语文教改研讨会在吴县木渎中学召开，来自全国各省、市、自治区的 200 余位语文教师代表参加研讨。

1986 年 10 月 7 日，苏州市重点中学物理教研组长会议在吴县木渎中学召开，苏州市 9 所省重点中学的分管校长及物理教研组组长参加会议。

1987届高三（1）班顾国忠（前中）获李政道奖学金第一名

1987年3月17日—19日，全国6省市英语标准化测试暨高三复习研讨会在吴县木渎中学召开。

1987年3月30日—4月1日，全国部分中学政治教学改革研讨会在吴县木渎中学召开，来自上海市、江苏省、安徽省、浙江省、吉林省、江西省的政治教师代表参加研讨会。

1987年8月，吴县木渎中学1987届应届高中毕业生顾国忠在高考中取得苏州市理科成绩第一名，成为苏州市理科状元，获李政道奖学金一等奖。

一批优秀高中毕业生被国内著名高校录取，袁雪芬同学等以优异成绩被清华大学、复旦大学录取。这是吴县木渎中学自列为江苏省首批办好的重点中学以来，坚持数年扎扎实实提高教育质量所取得的显著育人成果。

1987年10月10日，联合国教科文组织亚太地区负责人杜林先生来吴县木渎中学视察。

1987年10月27日，全国中学语文教材教法暑期讲习班在吴县木渎中学举办，有来自全国各省市的200名语文教师参加讲习班。

1987 届初三（1）班毕业照

1987 届高中毕业生

1987年，顾庆璇老师被评为江苏省优秀青少年科技辅导员。

1987年，赵季康老师被吴县人民政府授予吴县劳动模范称号。

1987—1988学年度，吴县木渎中学有教师108人，为：蔡树松（数学）、曹锁海（政治）、曹慰祖（历史）、曹玉瑛（数学）、陈福林（语文）、陈鹤鸣（语文）、陈伟骏（英语）、陈泽诞（英语）、程玉箴（生物）、储忠林（物理）、顾秉旗（物理）、顾福康（体育）、顾桂南（语文）、顾金根（政治）、顾庆璇（物理）、顾正清（英语）、郭白男（地理）、郭耿荣（数学）、何磊（语文）、黄家龙（语文）、黄庆新（语文）、黄生元（政治）、季敏（化学）、季玉瑛（数学）、江红星（体育）、金城（地理）、金嘉顺（英语）、金力（物理）、柯宁（英语）、李彩男（政治）、李和明（语文）、李全福（数学）、林美娟（语文）、陆彩芝（英语）、陆济民（英语）、陆菊泉（政治）、陆明观（英语）、陆培德（数学）、陆泉源、陆小平（数学）、陆忠源（数学）、马成龙、马澄玉（数学）、马如云（语文）、毛中榛（语文）、潘国庆（语文）、潘力行（政治）、彭淑贞（美术）、沈立新（化学）、沈荃福（体育）、石巍（物理）、孙大烺（化学）、孙雅青（体育）、孙钲荣（数学）、汤趾麟（物理）、陶仁荣（生物）、童慧芬（语文）、王大正（语文）、王国森（物理）、王勤源（体育）、王全元（数学）、王莹（美术）、翁世荣（数学）、翁钰明（英语）、巫朝荣、吴桂元（数学）、吴鸿泉（政治）、吴天荣（物理）、吴唯敏（体育）、吴伟民（英语）、吴耀培（数学）、吴毅杰（数学）、席晓燕（语文）、邢惠龄（历史）、徐炳荣（化学）、徐凤良（生物）、薛亚春（政治）、杨元欣（英语）、姚康尔（化学）、叶奕万（数学）、殷永德（语文）、余振冠（数学）、俞国光（物理）、袁凤男（物理）、张炳元（政治）、张伯英（数学）、张根荣（历史）、张桂余（政治）、张嘉巽（语文）、张启琏（语文）、张少怡（数学）、赵季康（数学）、赵唯一（物理）、周彬（英语）、周传庆（物理）、周惠仓（地理）、周莲芬（语文）、周兴元（地理）、周永沛（语文）、周志宏（物理）、朱宝根（生物）、朱建平（政治）、朱克禋（物理）、朱象洪（生物）、朱宗黔（化学）、邹耀第（语文）。教职员、校办厂工人有79人。

1988年9月3日，吴县木渎中学举行成为苏州铁道师院附属中学的挂牌命名大会。

1988年，吴县木渎中学高三应届毕业生刘晓男、潘文学、顾利伟以优异的高考成绩被北京大学录取，舒苏东、周俊辉同学被清华大学录取，柳军、张铭、金晓霞同学被复旦大学录取。

1988年11月，原国家教育部副部长、全国人大常委会教科文主任、国家教委国际交流中心主任王辛白视察吴县木渎中学。

1988年11月11日—13日，国家教委在吴县木渎中学召开全国政治教材实验

1988 届高三（1）班毕业照

点会议。国家教委中小学政治教材研究中心，广东、福建、江苏、甘肃等省五个实验点的代表，江苏省、苏州市、无锡市教育局和吴县文教局局长出席会议。

1989 年 3 月，全国部分省市政治教学改革研讨会在吴县木渎中学召开，浙江、山东、安徽、江西、四川、广西等省市代表参加研讨会。

1989 年 6 月，由吴县文教局拨款建造的学校 400 米标准环形田径场竣工，投入使用。

1989 年 7 月 24 日—28 日，上海市语文特级教师钱梦龙语文教学法研讨会在吴县木渎中学召开，苏、皖、豫等省市的 100 余位代表参加研讨会。

1989 年，吴县木渎中学扎扎实实实施素质教育，学校继续保持一流的教育质量。

1989 年 8 月，吴县木渎中学应届高中毕业生邱娴在高考中取得优异成绩，获李政道奖学金三等奖。曹育文、黄英同学被清华大学录取。

1989 年 9 月，吴县木渎中学校长、党支部书记马澄玉荣获全国教育系统劳动模范称号，并被授予人民教师奖章。

1989 届高三（6）班毕业照

　　1989 年 11 月 19 日—23 日，江苏省中学优秀英语课评选活动在吴县木渎中学举行。

　　1989 年 11 日，全国六省市高三化学复习研讨会在吴县木渎中学举行，上海、河南、山东、安徽、浙江、江苏省的各县市教研室领导、各省重点中学代表 200 余人参加研讨会。

　　1989 年，由江苏省各大市英语教研员参加的江苏省优秀英语课评优活动在吴县木渎中学举行。

　　1989 年 12 月，由学校自筹资金建设的建筑面积 1759.25 平方米的教工住宅建成，并交付学校教师入住。

　　1989 年，汤趾麟老师被评为江苏省优秀教育工作者。

　　1990 年 4 月 16 日—17 日，全国部分省市高中英语课堂教学研讨会在吴县木渎中学举行。江苏省、山东省、河南省、安徽省、浙江省代表及广州外国语学院院长桂诗春教授、华东师范大学章兼中教授参加研讨会。

　　1990 年 4 月 15 日—16 日，全国六省市高中英语课堂教学研讨会在吴县木渎

1990 届高三（5）班毕业照

中学召开。

1985 年至 1990 年，吴县木渎中学连续五年被评为苏州市文明单位。

在上世纪 80 年代末至 90 年代，吴县木渎中学注重开展政治思想道德教育为引导，探索如何根据学生生源与素质的基本状况，大面积提高教育质量的素质教育之路。在政治思想道德教育过程中，坚持常抓不懈，常搞常新，鼓励各班级形成富有特色的班风，努力以优良的群体素质促进学生个体素质的不断提高。

学校把抓好教师队伍的建设作为提高教育质量的重要保证，着力建立一支具有优良素质的班主任队伍，充分发挥备课组的群体作用，强调各学科教师的互相配合，互相支持。

学校在实施素质教育、大面积提高教育质量时，根据初中段与高中段的不同育人特点，狠抓学生行为习惯、学习常规的教育与养成。认真废止高压手段，加强分类指导，改进教学方法，逐步建立起以必修课为主，劳技课、活动课占有重要地位的新型课程结构。

学校强调素质教育的主体性、全面性，在抓教育质量时，着眼大多数，注重

1988 届高中毕业生杨培东

储忠林

赵季康

能力的培养，使学生的各项素质均有明显提高，培养出一大批基础扎实、思维活跃、潜力突出的优秀初中、高中毕业生。

1980 年至 1989 年，学校共有 13 名毕业生考取清华大学，有 7 名毕业生考取北京大学，有一批优秀高中毕业生被国内其他著名高校录取。

在这几届优秀毕业生中，涌现出堪称木中骄子的杨培东、舒苏东——

杨培东，1988 届木中高中毕业生，以优异成绩考入中国科技大学，后在美国哈佛大学获博士学位，成为世界著名的纳米研究专家，被评为"世界 100 位顶尖青年发明家"，与杨振宁、李政道一起列为十大华裔美籍科学家之一。

舒苏东，1988 届木中高中毕业生，以优异成绩考入清华大学，取得机械制造、自动化控制双学位，直升为清华博士，现为美国哈佛大学、麻省理工学院、波士顿大学等校研究所主任。

1990 年 8 月，马澄玉调任吴县文教局副局长。

1990 年 8 月 20 日，上级党组织任命储忠林为吴县木渎中学党支部书记，赵季康为吴县木渎中学党支部副书记。

1990 年 8 月 31 日，吴县文教局任命赵季康为吴县木渎中学校长，黄振福为吴县木渎中学副校长。

1989—1990 学年度，吴县木渎中学有教师 100 人，为：蔡树松（数学）、陈福林（语文）、陈鹤鸣（语文）、陈伟骏（英语）、陈泽诞（英语）、程玉箴（生物）、储忠林（物理）、丁伟东（体育）、顾秉旗（物理）、顾福康（体育）、顾桂南（语文）、顾金根（政治）、顾坤明（政治）、顾培智（物理）、顾庆旋（物理）、顾正清（英语）、郭白男（地理）、郭耿荣（数学）、何磊（物理）、黄家龙（语文）、黄庆新（语文）、黄生元（政治）、季敏（化学）、季玉英（数学）、蒋金林（美术）、金城（历史）、金华明（体育）、金嘉顺（英语）、金玉明（地理）、柯宁（英语）、李彩男（政治）、李峰（语文）、李和明（语文）、李全福（数学）、凌佩玉（政治）、陆济民（英语）、陆明观（英语）、陆乃侣（英语）、陆培德（数学）、陆泉源（政治）、陆忠源（数学）、马澄玉（数学）、毛中榛（语文）、潘力行（语文、政治）、彭屹（音乐）、邱家健（语文）、荣洪昌（数学）、沈金祥（地理）、沈静芬（英语）、沈立新（化学）、沈荃福（体育）、沈卫斌（物理）、盛文学（语文）、石巍（物理）、孙大娘（化学）、孙建平（化学）、孙雅青（体育）、孙镇荣（语文）、汤趾麟（物理）、陶仁荣（生物）、童慧芬（语文）、王大正（语文）、王海赳（数学）、王燮明（数学）、翁世荣（数学）、吴鸿泉（化学）、吴建伟（体育）、吴天荣（劳技）、吴兴国（数学）、徐炳荣（化学）、徐建平（英语）、徐金明（化学）、薛亚春（政治）、杨元欣（英语）、姚康尔（化学）、殷永德（语文）、尤云祥（数学）、余振冠（数学）、俞国光（物理）、袁凤男（物理）、袁文林（语文）、张根荣（历史）、张桂余（政治）、张菊生（语文）、赵季康（数学）、郑思源（英语）、周彬（英语）、周传庆（物理）、周惠仓（历史）、周莲芬（语文）、周启瑜（英语）、周兴元（地理）、周玉林（英语）、周志宏（物理）、朱宝根（生物）、朱建平（政治）、朱克裡（物理）、朱象洪（生物）、朱宗黔（化学）。教职员、校办厂工人有 54 人。

1990 年 9 月 11 日，由吴县县委、县政府与上海电视台合作拍摄的《苏南之光》专题片，在吴县木渎中学取景拍摄，用镜头反映吴县木渎中学师生探索素质教育培养一流学子的崭新风貌。

学校相继被吴县县委、县政府评为县综合治理先进集体；被苏州市委、市政府评为苏州市综合治理先进集体；被吴县人民政府、苏州市人民政府分别评为吴县和苏州市先进集体；被江苏省政府评为江苏省先进集体，江苏省政府向学校授嘉奖令。

1990 年 11 月 11 日—16 日，江苏省中学语文教学观摩研讨会在吴县木渎中学召开。

上世纪 90 年代的木渎中学校门　　　上世纪八九十年代吴县木渎中学
校舍平面图

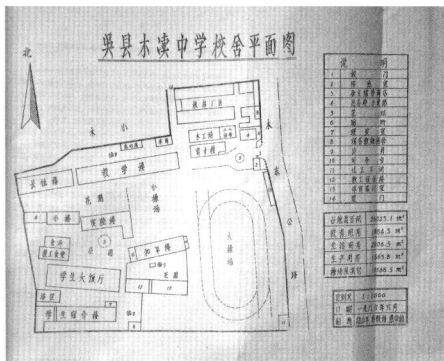

图书楼

1991 年 2 月，由吴县文教局拨款建造的、建筑面积为 2341.14 平方米的图书馆建成，并举行校图书楼落成典礼。

1991 年 6 月，英国剑桥大学凯斯学院英文语言中心主任普林恩教授来校访问。

1991 年 8 月 27 日，吴鸿泉任吴县木渎中学副校长。

1991 年 9 月新学年开始后，学校执行国家教育委员会颁发的《现行普通高中教学计划的调整意见》，调整后的课程结构由学科课程和活动两部分组成。学科课程采取必修课和选修课两种形式，活动包括课外活动和社会实践活动。必修课开设政治、语文、数学、外语、物理、化学、历史、地理、生物、体育和劳技，共 11 个科目。选修课分两类，一种是单科性选修，在高一、高二年级开设；另一种是分科性选修，分文科、理科、外语、艺术、体育、职业技术 6 类课程，在高三年级开设。

1991 年 10 月，江苏省数学教学研究会 1991 年会在吴县木渎中学召开。

吴县木渎中学被列为江苏省第二批重点中学验收学校。1991 年 11 月 7 日—11日，由省教委中教处处长张瑞芯为组长的验收组来吴县木渎中学开展验收工作。

1991 届高三（2）班毕业照

1991 年 11 月中旬，吴县木渎中学通过江苏省重点中学的合格验收。

1991 年，陈伟骏老师被吴县人民政府授予吴县劳动模范称号，被江苏省总工会评为江苏省立功奖章获得者。储忠林老师被评为江苏省优秀教育工作者。

1991 年，吴县木渎中学获江苏省绿化达标单位称号。

吴县木渎中学被苏州市人民政府评为 1990—1991 年度环保工作先进集体。

1992 年 4 月，全国六省一市教改研讨暨信息交流会在吴县木渎中学召开。

1992 年 5 月，江苏省教委确认并公布：吴县木渎中学为江苏省第二批合格重点高中。

1992 年 6 月 3 日，国家教委基础教育司司长马立、省教委中教处处长袁云亭等视察检查吴县木渎中学。

1992 年 8 月，党支部书记储忠林调离，任苏州十中副校长。

1993 年 2 月 16 日，赵季康任吴县木渎中学党支部书记，吴鸿泉为党支部副书记。

1993 年 3 月，吴县木渎中学等苏州 7 所学校被省教委授予江苏省德育先进学

1992 届高三（1）班毕业照

1992 届初三（1）班毕业照

校称号。同年，吴县木渎中学被吴县人民政府评为吴县先进集体。

1993年3月11日，学生苏建军在全国中学生物理征文比赛中获一等奖。

1992—1993学年度，吴县木渎中学有教师93人，为：蔡树松（数学）、陈福林（语文）、陈鹤鸣（语文）、陈伟骏（英语）、陈泽诞（英语）、程飞（英语）、丁伟东（体育）、顾秉旗（物理）、顾福康（体育）、顾桂南（语文）、顾庆旋（物理）、顾志红（政治）、郭白男（地理）、郭耿荣（数学）、何磊（语文）、胡礼钊（数学）、黄家龙（语文）、黄庆新（语文）、黄生元（政治）、黄振福、计建华（劳技）、季敏（化学）、金城（历史）、金华明（体育）、金嘉顺（英语）、金伟明（物理）、金玉明（地理）、琚珍（英语）、柯宁（英语）、李峰（语文）、李和明（语文）、李全福（数学）、凌佩玉（政治）、陆济民（英语）、陆明观（英语）、陆乃侣（英语）、陆培德（数学）、陆胜兴（体育）、陆忠源（数学）、毛中榛（语文）、彭屹（音乐）、钱雪良（化学）、邱家健（数学）、荣洪昌（劳技）、沈金祥（地理）、沈静芬（英语）、沈立新（化学）、沈荃福（体育）、沈卫斌（物理）、施雪娟（化学）、石巍（物理）、孙大烺（化学）、孙建平（化学）、孙雅青（体育）、陶仁荣（生物）、童慧芬（语文）、王得众（历史）、王海赳（数学）、王勤（体育）、王燮明（数学）、翁世荣（数学）、吴鸿泉（政治）、吴健眉（语文）、吴天荣（劳技）、徐建平（英语）、许诚意、薛亮（语文）、薛亚春（政治）、杨元欣（英语）、姚东（化学）、姚康尔（化学）、殷虹（政治）、殷小红（美术）、殷永德（语文）、尤云祥（数学）、余振冠（数学）、俞国光（物理）、张根荣（历史）、张桂余（政治）、张菊生（语文）、赵季康（数学）、郑文磊（数学）、周彬（英语）、周传庆（物理）、周惠仓（历史）、周连根（化学）、周小菊（政治、历史）、周兴元（地理）、周志宏（物理）、朱宝根（生物）、朱建平（政治）、朱克禋（物理）、朱寿根（化学）、朱象洪（生物）。教职员、校办厂工人有58人。

在上世纪90年代，担任学校校办厂负责人的有：舒元康、巫朝荣、邹雪根、赵唯一。

1993年11月18日，吴县木渎中学学生在全国高中数学竞赛中获一等奖2名，二等奖1名，三等奖3名，名列苏州市第一。

1993年11月25日，江苏省副省长张怀西来吴县木渎中学视察。

1993年10月14日，出席全国村镇建设工作会议的领导与代表来吴县木渎中学参观。

1994年5月6日，上级党组织决定，撤销吴县木渎中学党支部机构，建立中共吴县木渎中学总支委员会。党总支下设三个党支部：教师党支部、后勤党支部、行政党支部。

1993 届高三（1）班毕业照

1993 届初三（1）班毕业照

1994届高三（1）班毕业照

1994届初三（1）班毕业照

育英楼

1994 年 6 月 22 日，上级党组织任命赵季康为吴县木渎中学党总支书记，吴鸿泉为副书记。

1994 年 8 月 17 日，应届高中毕业生王敬德在高考中取得 685 分的优异成绩，列苏州大市理科第一名，获李政道奖学金一等奖。应届高中毕业生徐华，以优异的高考成绩获李政道奖学金三等奖。

在 1994 年高考中，王敬德、顾键同学被清华大学录取，多名优秀高中毕业生被国内著名高校录取。

为集中力量办好重点高中，经吴县教育局与吴县政府批准同意，吴县木渎中学于 1994 年 9 月开始撤销初中部，停招初中班学生。从 1994 年 9 月起，吴县木渎中学成为纯普通高级中学。

1994 年 9 月 10 日，在我国第十个教师节之际，苏州市委、市政府召开全市教育工作会议。会上，授予吴县木渎中学陈伟骏老师等十名教师苏州市十杰教师称号。赵季康老师被苏州市人民政府授予苏州市劳动模范称号。同时，赵季康被评为江苏省第四批特级教师。

1995 届高三（1）班毕业照

　　1994 年 10 月 31 日，美国教育心理学代表团一行 42 人到吴县木渎中学参观考察。

　　1994 年，吴县木渎中学被苏州市委、市政府授予苏州市文明单位称号。

　　1995 年 1 月，建筑面积 4000 平方米的"育英楼"建成，投入使用。

　　1995 年 3 月 15 日，江苏省教委主任袁相碗来吴县木渎中学检查学校工作。

　　1995 年 4 月，华东六省市高三物理复习研讨会在吴县木渎中学召开。

　　1995 年 5 月 9 日，国家教委基础教育司司长王文湛在省教委副主任、省招办主任陈乃林等陪同下视察吴县木渎中学。

　　1995 年 5 月 10 日，由日本国际交流协会川赖悟会长为团长的日本琵琶町友好代表团一行来吴县木渎中学参观访问。

　　1995 年 8 月，学校在高考中取得优异成绩。应届高中毕业生浦志勇以优异的高考成绩获李政道奖学金二等奖，并被清华大学录取。苏长荣同学也被清华大学录取。袁霞蔚、李昊等五位同学被复旦大学录取。

　　1995 年 8 月，赵季康调任吴县文教局副局长。

李岚清副总理视察学校

江苏省委副书记顾浩视察学校

1995年8月9日，吴县文教局任命吴鸿泉为吴县木渎中学校长、党总支书记。

学校副校长为：黄振福、陆明观、陈泽诞、陆忠源（兼教务主任），何磊为副校级调研员。

1995年9月8日，苏州市隆重举行1995年教师节庆祝大会，陈泽诞老师在庆祝大会上获表彰，并接受全国优秀教师的证书。

1995年，学校被苏州市教委评为苏州市电化教育先进学校，被吴县市委、市政府评为吴县市教育先进单位。

1995年，学校被江苏省委、省政府授予1993—1994年度江苏省文明单位称号。这是学校首次获得江苏省文明单位称号。

1995年10月10日，中共中央政治局委员、国务院副总理李岚清在江苏省委常委、副省长、苏州市委书记杨晓堂陪同下，视察吴县木渎中学。

1995年10月10日，江苏省教委副主任周德藩来吴县木渎中学视察学校工作。

1995年12月，江苏省委副书记顾浩来吴县木渎中学视察学校工作，并为学校题词：团结奋斗，再创辉煌。

1995年12月，吴县木渎中学与香港苏浙公学结成姊妹学校，开展友好交流活动。

八、开启现代化办学新辉煌

更名为江苏省木渎高级中学（1996.6）

1996 年 6 月 4 日，经江苏省教育委员会批准同意，原吴县木渎中学更名为"江苏省木渎高级中学"。

更名为江苏省木渎高级中学后，学校由此加入到江苏省名校的行列，开启了学校向现代化办学的更高水平发展，努力打造全省著名乃至全国知名的一流学校而奋斗的新征程。

更名为江苏省木渎高级中学后，学校校址仍在木渎镇翠坊南街 16 号。

经多年致力于大力改善与提升办学条件，学校的占地面积达 6.5 公顷，拥有校舍建筑面积 33110 平方米，建有教学楼、图书楼、育英楼、长征楼、体育馆、教师办公楼、师生餐厅、学生公寓，以及 400 米的标准环形运动场和电化教育网络设施，拥有符合现代化教育教学要求的设施设备，为学校的跨越式发展奠定了坚实的硬件基础。

在传承学校几十年优良办学传统的基础上，经多年凝练，江苏省木渎高级中学已形成"砺志、崇实、文明、创新"的校风，"严谨、爱生、互助、奋进"的教风，"尊师、守纪、勤学、善思"的学风。

1996 年 8 月，吴县人民政府决定，在江苏省木渎高级中学专门开设一个学习费用全免的"兴吴班"。"兴吴班"面向本县特殊困难家庭的子女招生。33 名来自特殊原因致贫家庭的子女，成为首批"兴吴班"学生。

1996—1997 学年度，江苏省木渎高级中学有教师 98 人，为：曹晓彬（物理）、查雪娟（物理）、陈福林（语文）、陈鹤鸣（语文）、陈伟骏（英语）、陈泽诞（英语）、黄振福、何磊（语文）、程朝阳（语文）、顾秉旗（物理）、储建龙（英语）、顾桂南（语文）、顾庆旋（物理）、顾正清（劳技）、顾志红（政治）、郭白男（地

江苏省教育委员会文件

苏教中 (1996) 21号

关于同意吴县市木渎中学申请更名的批复

吴县市人民政府：

你市《关于吴县木渎中学申请更名为"江苏省木渎高级中学"的报告》收悉。经研究，同意吴县木渎中学更名为江苏省木渎高级中学。

木渎中学是我省一所历史较长的普通中学，具有优良的办学传统，多年来，为国家培养了一大批优秀人才。特别是近几年来，在吴县市市委、市政府和全市人民的关心支持下，在全校师生的共同努力下，办学条件得到较大改善，教育质量得到很大提高，办学成绩比较显著。希望学校更名后，进一步全面贯彻党的教育方针，积极深化教育改革，按照"三个面向"的要求，把学校办成高质量、有特色、现代化的省立重点高中，为社会主义现代化建设培养更多更好的人才。

江苏省教育委员会
一九九六年六月四日

报送：省政府
抄送：苏州市政府，苏州市教委，吴县市教育局

江苏省教委批准木渎中学更名文件

更名为江苏省木渎高级中学

图书馆及育英楼全景

体育馆

理）、郭胜豪（体育）、何磊（语文）、胡礼钊（数学）、黄生元（政治）、黄桂平（语文）、计建华（计算机）、季敏（化学）、金城（历史）、金惠明（物理）、金玉明（地理）、琚珍（英语）、柯宁（英语）、孔新华（数学）、李峰（语文）、李灏（物理）、李和明（语文）、李建邡（语文）、李全福（数学）、凌佩玉（政治）、凌益民（劳技）、陆济民（英语）、陆明观（外语）、陆胜兴（体育）、陆永珍（体育）、陆忠源（数学）、马成龙（劳技）、毛中榛（语文）、潘振嵘（数学）、钱红英（语文）、钱雪良（化学）、邱家健（数学）、沈才辉（数学）、沈建新（物理）、沈静芬（英语）、沈立新（英语）、沈荃福（体育）、沈卫斌（物理）、孙国平（物理）、陶仁荣（生物）、王得众（历史）、王海赳（数学）、王琴弘（化学）、王爕明（数学）、王雪元（数学）、翁世荣（数学）、吴国洪（体育）、吴鸿泉（政治）、吴健眉（语文）、吴天荣（劳技）、徐建平（英语）、薛亚春（政治）、杨元欣（英语）、姚东（化学）、姚康尔（化学）、姚欣欣（数学）、殷虹（政治）、殷小红（美术）、殷永德（语文）、尤云祥（数学）、於学林（体育）、余振冠（数学）、俞国光（物理）、张桂余（政治）、张宏（数学）、张瑾（化学）、张菊生（语文）、郑菊仙（化学）、郑文磊（数学）、郑至诚、周彬（英语）、周惠

1996 届高三（1）班毕业照

仓（历史）、周连根（化学）、周青峰（化学）、周文华（英语）、周雪红（英语）、周志宏（物理）、朱宝根（生物）、朱建平（政治）、朱克裡（物理）、朱寿根（化学）、庄梅（数学）、张华（化学）、吴寒冬。教职员、校办厂人员有 55 人。

1996 年 8 月，学校应届高中毕业生李宏宇以优异的高考成绩获李政道奖学金一等奖。应届高中毕业生张希以优异的高考成绩获李政道奖学金二等奖。朱竞飞同学被清华大学录取。

至 1996 年，学校已连续 4 年在高考中取得高考录取率达 100% 的突出成绩。

1996 年 10 月 8 日，江苏省木渎高级中学隆重举行学校更名揭牌仪式暨学校体育馆落成典礼。

1996 年 10 月，江苏省木渎高级中学被江苏省政府授予江苏省先进集体称号。

1996 年 12 月，江苏省首届高中政治课青年教师优秀课评选暨初中思想政治课教材实验工作先进个人表彰活动在江苏省木渎高级中学举行。

1996 年，学校以集资形式为教师建房解决住房困难，有 72 个教师家庭搬入新居。

学校更名为江苏省木渎高级中学暨体育馆落成典礼

1996年，吴鸿泉被授予江苏省优秀共产党员称号。姚康尔被评为江苏省"三育人"先进个人。何磊、孙大娘被评为吴县市首批知名教师。

1996年，学校被吴县市委、市政府授予1994—1995年度吴县市文明单位称号，被中共苏州市委、苏州市人民政府授予1994—1995年度苏州市文明单位称号，被江苏省人民政府评为江苏省先进集体，被吴县市人民政府评为1995年度校办产业先进学校，被评为苏州市关心下一代工作先进集体、苏州市精神文明建设"五五工程"文明示范单位。

1997年4月30日，江苏省人民政府副秘书长王斌泰来校视察。1997年11月21日，中央教育科学研究所所长阎立钦和江苏省教科所所长袁金华来校视察教育科研工作。

1997年，高三应届毕业生林峰以优异的高考成绩被北京大学录取。陈明、胡雪青同学被清华大学录取。

1997年10月25日，江苏省木渎高级中学隆重举行庆祝建校60周年庆典活动。

1997年，陈泽诞老师获江苏省中等学校红杉树园丁奖银奖。周彬老师被评为

1997 届高三（8）班毕业照

1997 年学校举行建校 60 周年庆典活动

科技楼及教学楼

江苏省电化教育先进个人。

1997 年，学校被授予 1996—1997 年度吴县市文明单位称号，被评为苏州市教育科研先进单位、1995—1996 年度苏州市社会治安综合治理先进集体、苏州市安全文明单位，被授予 1996—1997 年度苏州市文明单位称号。

学校被评为 1995—1996 年度江苏省文明单位。这是学校连续三次获得江苏省文明单位称号的殊荣。

1997 年，沈才辉被评为江苏省优秀班主任。吴鸿泉被吴县市人民政府授予吴县市劳动模范称号，被苏州市人民政府授予苏州市劳动模范称号。

1998 年 8 月，学校新科技楼竣工，建筑面积 1759.39 平方米。

1998 年 9 月，教育部副部长张保庆来校视察，并为学校题词：会当绝凌顶，一览众山小。

1998 年，学校教育质量继续在苏州大市名列前茅，几十名优秀毕业生被国内一流重点名校录取。

学校被评为吴县市首批教育基本现代化合格学校、吴县市教育科研先进集

1998 届高三（1）班毕业照

体、苏州市教育科研先进单位、全国首批中小学现代教育技术实验学校。学校所办的"兴吴班"被评为 1996—1997 年度吴县市精神文明建设十佳好事。

1998 年，王海赳被授予全国优秀教师称号，被苏州市人民政府记苏州市二等功，被授予苏州市十杰教师称号。王海赳、顾庆旋被评为吴县市第二批知名教师。薛亚春被评为江苏省德育先进工作者。吴鸿泉被评为江苏省优秀教育工作者。

续铸办学辉煌——成为国家级示范性普通高中（1999.4）

1998 年 11 月，江苏省木渎高级中学通过评定国家级示范性普通高中的省级重点中学的专家评估验收。

1999 年 4 月 16 日，江苏省教育委员会正式发文，确认江苏省木渎高级中学为基本达到国家级示范性普通高中标准的省级重点中学。江苏省教委以文件形式公布：正式确认江苏省木渎高级中学为国家级示范性普通高中。

江苏省木渎高级中学被正式确认为国家级示范性普通高中，标志着江苏省木渎高级中学在 1980 年被确认为江苏省重点中学后的近 20 年中，励精图治，志创新高，实现了学校在新世纪到来前的跨越式发展，从而使学校发展又跃上了一个历史性的更高台阶，为学校在新世纪中的发展赢得更广阔的空间。

1999 年 7 月，新建建筑面积 3976.06 平方米的学生餐厅。1999 年 10 月，建筑面积 1820 平方米的学生公寓楼建成，投入使用。

1998—1999 学年度，江苏省木渎高级中学有教师 114 人，为：安云（政治）、曹晓彬（物理）、查雪娟（物理）、陈福林（语文）、陈鹤鸣（语文）、陈俊（物理）、陈泽诞（英语）、程朝阳（语文）、储建龙（英语）、崔万和（语文）、丁仕武（历史）、丁亚军（英语）、董益民（英语）、范金元（语文）、府嘉玲（语文）、顾桂南（语文）、顾庆旋（物理）、郭白男（地理）、郭胜豪（体育）、何磊（语文）、黄桂平（语文）、黄生元（政治）、黄振福、计建华（信息技术）、季敏（化学）、金城（历史）、金惠明（物理）、金玉明（地理）、琚珍（英语）、孔新华（数学）、李峰（语文）、李灏（物理）、李和明（语文）、李红（数学）、李建邡（语文）、李平（历史）、李全福（数学）、凌佩玉（政治）、凌益民（劳技）、陆明观（英语）、陆胜兴（体育）、陆文明（化学）、陆永珍（体育）、陆忠源（数学）、吕金秀（物理）、马春燕（化学）、毛中榛（语文）、潘振嵘（数学）、庞根才（语文）、钱雪良（化学）、荣洪昌（信息技术）、沈才辉（数学）、沈国平（物理）、沈红（政治）、沈建新（物理）、沈静芬（英语）、沈立新（英语）、沈荃福（体育）、沈卫斌（物理）、沈祖荣（物理）、史菊芳（政治）、史群雄（物理）、孙建平（化学）、孙素娟（物理）、唐瑛（英语）、王超（历史）、王得众（历史）、王海赳（数学）、王红霞（政治）、王琴弘（化学）、王卫华（数学）、王晓秦（历史）、王燮明（数学）、王雪元（数学）、王震（历史）、翁世荣（数学）、吴国洪（体育）、吴寒东（劳技）、吴鸿泉（政治）、吴健眉（语文）、夏雪峰（数学）、徐建平（英语）、徐晓东（物理）、许彩芳（数学）、薛亮（语文）、薛亚春（政治）、杨茵（化学）、姚康尔（化学）、殷小红（美术）、殷永德（语文）、尤荣念（语文）、於学林（体育）、余国光（物理）、袁兵（英语）、臧舸（语文）、张华（化学）、张瑾（化学）、张平渠（音乐）、郑文磊（数学）、钟玉芬（数学）、周彬（英语）、周春明（英语）、周连根（化学）、周青峰（化学）、周文华（英语）、周雪红（英语）、朱宝根（生物）、朱建平（政治）、朱克禋（物理）、朱理君（语文）、朱寿根（化学）、庄梅（数学）、邹斌强（信息技术）、邹进荣（数学）。

1999 年，学校在高考中取得优异成绩。高三应届毕业生刘洪以优异的高考成绩被北京大学录取。王建峰同学被清华大学录取。王志强、周利明同学被复旦大学录取。多名优秀高中毕业生被其他国内名校录取。

1999 年，王海赳被确定为第三批省 333 工程培养对象，被评为首批苏州市优

1999 届高三（9）班毕业照

秀专业技术拔尖人才。

1999 年新学年起，学校执行江苏省教育委员会为适应高考"3+X"模式改革试验所调整的高中教学计划。调整后的高中教学计划从高一年级开始执行，不再分文、理科组织教学，新增加以学生自主学习为主的"综合实践活动"课程。

1999 年，学校先后被评为 1998—1999 年度吴县市文明单位、1998—1999 年度苏州市文明单位，被评为苏州市首批达标家长学校、江苏省电化教育示范学校、江苏省中小学治安综合治理先进单位、江苏省电化教育先进单位、江苏省实施素质教育先进学校，所办的"兴吴班"被评为 1998—1999 年度吴县市精神文明建设十佳新人新事。

学校被评为 1997—1998 年度江苏省文明单位，这是江苏省木渎高级中学第四次获得江苏省文明单位称号的殊荣。

进入 21 世纪后，学校与时俱进，适时调整办学思路，加大改革步伐，确立"以人为本，传承文明，以研导行，开拓创新"教育理念，确立"把学校建成省内一流、国内知名、国际可比的开放型的现代化名校"奋斗目标。

李政道（前排左七）访问学校

　　2000 年，学校党政领导班子为——党总支书记、校长：吴鸿泉。党总支副书记：陈泽诞。副校长：陈泽诞、陆忠源。

　　学校党总支下辖四个支部：行政党支部、文科党支部、理科党支部、后勤党支部。校长室下设校长办公室、教务处、德育处、总务处。

　　学校领导班子引导全体教师积极探索办学新路，提出"借助专家上层次，依托高校办名校"实施英才教育战略的办学思路。2000 年，学校与华东师范大学教育科学学院确立"英才教育项目学校"关系。

　　2000 年新学年起，学校从高一年级开始执行教育部颁发的新课程计划。

　　2000 年 5 月 22 日，江苏省木渎中学被江苏省教育厅授予江苏省模范中学称号。

　　2000 年 6 月 20 日，著名美籍华人物理学家、诺贝尔奖获得者李政道教授到江苏省木渎中学参观访问，为学校挥毫题词：求学问，需学问，只学答，非学问。

　　2000 年中，学校积极推行内部管理体制改革，在实行教师全员聘任制基础上，在苏州市普通教育系统首创"首席教师制"，同时实行"职级工资制"，从而有效调动了教师探索教学改革、敢为学校先的创新积极性。此项改革经验为苏

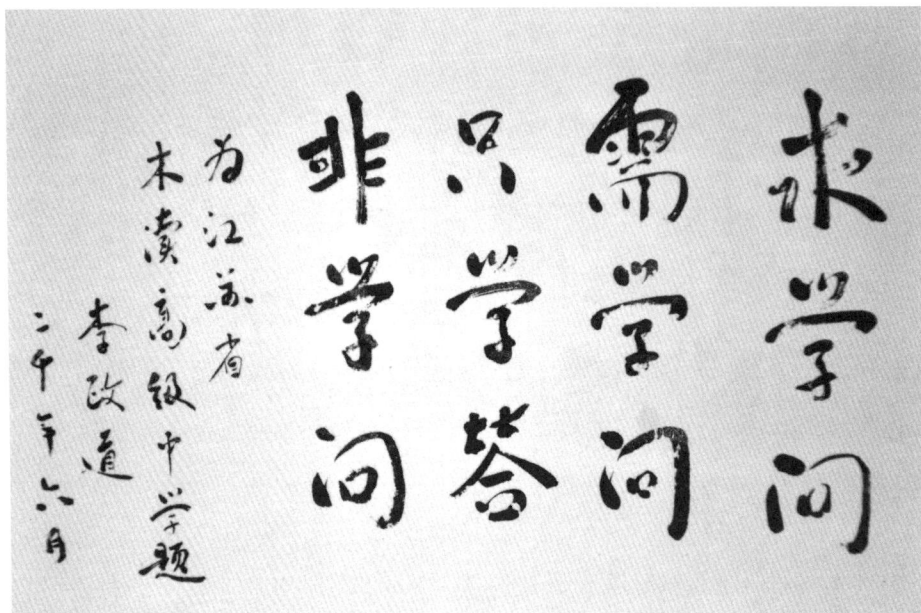

李政道为江苏省木渎高级中学题词

州、江苏省、上海媒体介绍推广，并被苏州与江苏省组织人事部门列为人事改革的成功范例。

2000—2001学年度，江苏省木渎中学有教师118人。为：安云（政治）、曹晓彬（物理）、查雪娟（物理）、陈福林（语文）、陈福荣（语文）、陈鹤鸣（语文）、陈伟华（数学）、陈泽诞（英语）、程朝阳（语文）、储建龙（英语）、丁仕武（历史）、董益民（英语）、范金元（语文）、冯莉花（英语）、府嘉玲（语文）、顾桂南（语文）、顾庆旋（物理）、顾彤彤（体育）、郭白男（地理）、郭胜豪（体育）、何金华（英语）、黄桂平（语文）、黄生元（政治）、计建华（信息技术）、季敏（化学）、江永红（物理）、金城（历史）、金惠明（物理）、金玉明（地理）、琚珍（英语）、孔新华（数学）、李爱华（生物）、李峰（语文）、李灏（物理）、李红（数学）、李建邴（语文）、李庆华（语文）、李全福（数学）、李燕（化学）、凌佩玉（政治）、凌益民（劳技）、陆明观（地理）、陆永珍（体育）、陆忠源（数学）、吕金秀（物理）、马春燕（化学）、倪剑眉（语文）、潘振嵘（数学）、钱雪良（化学）、荣洪昌（信息技术）、沈才辉（数学）、沈国平（物理）、沈红（政治）、沈建新（物理）、沈静芬（英语）、沈立新（英语）、沈荃福（体育）、沈卫斌（物理）、沈铮泓（美术）、沈祖荣（物理）、史菊芳（政治）、唐瑛（英语）、王超（历史）、王德众（历史）、王海赳（数学）、王红霞（政治）、王琴弘（生物）、王水娥（地理）、王卫华（数学）、王晓秦（地理）、王雪元（数学）、王震（历史）、翁世荣（数学）、吴国洪（体育）、吴寒冬（劳技）、吴鸿泉（政治）、吴素芳（语文）、夏雪峰（数学）、徐晓东（物理）、徐孝峰（数学）、许彩芳（数学）、杨小敏（信息技术）、杨茵（化学）、姚康尔（语文）、殷小红（美术）、殷永德（语文）、尤荣念（语文）、於学林（体育）、于舒（生物）、俞国光（物理）、俞晓萍（历史）、袁兵（英语）、臧舸（语文）、张华（化学）、张瑾（化学）、张平渠（音乐）、张四海（生物）、郑文磊（数学）、郑至诚（数学）、钟玉芬（数学）、周春敏（英语）、周连根（化学）、周青峰（化学）、周卫（英语）、周文华（英语）、周新玲（数学）、周雪红（英语）、朱宝根（生物）、朱红明（语文）、朱惠瑛（英语）、朱建平（政治）、朱克裡（物理）、朱理君（语文）、朱萍萍（英语）、朱芹（政治）、朱寿根（化学）、庄梅（数学）、邹斌强（劳技）、邹建荣（数学）。

2000 年，学校在高考中取得优异成绩。高三应届毕业生杨敏娟、宋灵敏以优异的高考成绩被北京大学录取。诸育枫、冯晶同学被清华大学录取。

2000 年 9 月，王海赳被授予全国模范教师称号。陈泽诞被评为苏州市知名教师、江苏省第七批特级教师。潘振嵘同志被评为江苏省学校德育先进工作者。李建郍、陆忠源、陈泽诞被评为吴县市知名教师。

2000 年中，学校先后被评为吴县市 1999—2000 年度爱国卫生先进集体、苏州市关心下一代工作先进集体，被确认为江苏省教育科学研究所实验基地、全国中小学生（江苏地区）金钥匙科技竞赛先进学校。学校英语教研组被江苏省教育厅评为江苏省优秀教师集体。

学校被评为 1999—2000 年度江苏省文明单位，这是江苏省木渎高级中学第五次获得江苏省文明单位称号的殊荣。

2000 年，江苏省木渎中学校园面积近百亩，校舍建筑面积 33110 平方米。有高中 3 个年级 30 个班级，学生人数 1466 人，教职员工 171 人，学科教师 147 人。应届高中毕业生 490 人，参加高考 450 人，达本科录取线 374 人，升入本专科高等院校 438 人。

至 2000 年，学校先后接受来自美国、英国、日本、加拿大、瑞士等十余个国家教育代表团和师生来校交流访问。先后选派十余位教师出国学习培训，组织 120 余名教师赴新加坡、香港等国家和地区考察参观，同全国 20 多个省市的 200 多所中学建立友好交流学校的联系。

2001 年，学校有 34 个班级，学生 1633 名。

办公楼

美丽校园

与香港苏浙公学结成姐妹学校

2001届高三（8）班毕业照

李政道奖学金获得者邹彧（左一）和马莉芬（左二）

2001 年，王海赳被评为江苏省金钥匙科技竞赛优秀科技辅导员、苏州市知名教师。李建邠被评为江苏省优秀教育工作者。陆忠源被评为江苏省金钥匙科技竞赛先进个人。

2001 年，学校被江苏省教育厅、江苏省科学技术厅、江苏省科学技术协会评为全国中小学生（江苏地区）金钥匙科技竞赛先进学校。

2001 年，学校教育质量继续在苏州大市名列前茅。

2001 年 8 月，应届高中毕业生邹彧、马莉芬以优异的高考成绩，同获李政道奖学金三等奖。

2002 年 3 月，吴中区教育局任命顾志红为江苏省木渎高级中学校长、党总支副书记。吴鸿泉仍为学校党总支书记。

2002 年 10 月，王海赳、李建邠任学校副校长。学校副校长有：陆忠源、王海赳、李建邠。

2002 年 3 月，陈泽诞调出木渎中学，任吴中区教育局教研室主任。2002 年 3 月，朱建平调任东山中学校长，免去校政教处主任职务。

新校园规划图

2002 年，是学校即将进入新发展空间的重要时刻：中共吴中区委、吴中区政府从吴中教育未来战略发展的高度出发，以"教育先行"的高瞻远瞩胆魄，做出了将江苏省木渎高级中学从木渎镇翠坊南街 16 号的校址，易地至灵岩山北麓天平山南麓，新建占地面积达 500 余亩校址的重大决策。

2002 年 3 月，高三学生庄嘉炜被选拔进国家数学奥赛冬令营训练，并保送北京大学数学专业学习。

2002 年 5 月，经江苏省教育厅批准同意，江苏省木渎高级中学举办省招班。5 月 1 日—2 日，举行首届省招班招生考试。

2002 年，学校教育质量继续在苏州大市名列前茅。共有 6 个班级约 300 名 2002 届高三学生以优秀成绩毕业。

2002 届应届高中毕业生张旦峰以优异的高考成绩获李政道奖学金三等奖，被北京大学录取。

2002 年 9 月，顾桂南调出木渎高级中学，任吴中区教育局教研室副主任。

2002 年 10 月，吴中区教育局与学校共同投资，建造教工住宅楼，有 78 户教

2002 届高三（6）班毕业照

师搬入新居。

2002 年，顾桂南被评为苏州市知名教师、江苏省教育科研先进个人。王海赳、李红被评为苏州市百名好师徒。李建邡被评为苏州市第二批优秀专业技术拔尖人才。

进入新世纪后，学校提出"一手抓教学质量生命线，一手抓学科竞赛风景线"的培养突出人才的思路，学校专门设立奥林匹克比赛指导中心。

2002 年，学校被确认为江苏省数学奥林匹克培训基地，被评为江苏地区金钥匙科技竞赛青少年科技教育先进学校。王海赳、陆忠源、范晖被评为中国数学奥林匹克高级教练员。范晖被评为江苏地区金钥匙科技竞赛青少年科技教育先进个人。

2002 年，江苏省数学奥林匹克夏令营在木渎中学举行。

2003 年，学校被确认为国家教育部十五规划课题中小幼发展性心理辅导实验学校、华东师范大学教育科学学院英才教育项目学校、苏州市高中化学研究中心。被评为苏州教育信息化先进学校，学校工会被评为苏州市教育工会先进集

2003 届高三毕业班合影

李政道奖学金获得者朱振荣（后排右一）

体，学校党总支被评为苏州先进基层党组织、吴中区先进基层党组织，学校图书馆被评为江苏省中学一级图书馆，学校实验室被评为江苏省普通中学标准实验室。

学校被评为2001—2002年度江苏省文明单位，这是江苏省木渎高级中学第六次获得江苏省文明单位称号的殊荣。

2003年，李建部被评为苏州市知名教师，被授予吴中区劳动模范称号。顾志

红被评为苏州市教育科研学术带头人、苏州市名校长。

2003 年，学校仍然保持一流的教育质量，继续在苏州大市各高中处于领跑者位置。

2003 年 8 月，应届高中毕业生朱振荣以优异的高考成绩获苏州市理科第五名，并获李政道奖学金三等奖，被清华大学录取。宋冰也被清华大学录取。程莉、李腾同学被北京大学录取。

2003 年 11 月，顾志红任江苏省木渎高级中学党总支书记、校长。学校党总支副书记为陆忠源。

2003 年 11 月，顾志红被任命为吴中区教育局副局长。

在 2003 年，学校有 15 名学生在全国奥林匹克比赛江苏赛区高中生数学、物理、生物等学科竞赛中获一等奖，有 3 人入选国家冬令营训练。

九、在新的天地间展翅飞翔

再铸办学辉煌——转评为江苏省首批四星级高中（2004.3）
搬迁新址易地办学（2006.1）

2004年3月28日，江苏省木渎高级中学师生兴高采烈地集合在灵岩山北麓天平山南麓的青峰前，隆重举行江苏省木渎高级中学易地新建工程奠基典礼。

江苏省教育厅，中共苏州市委、苏州市政府，中共吴中区委、区政府，苏州市、吴中区教育局领导，国内外友好学校代表等出席奠基典礼。

江苏省木渎高级中学新校址，计划投资2.5个亿人民币而建。新校址位于灵岩山麓，与天平峰相望，占地508亩，建筑面积91000平方米。规划建成与苏州历史文化风貌相吻，既具有江南园林风韵，又彰显现代建筑风格的，布局合理、设施先进的开放型园林式的绿色校园。

2003年10月，苏州市教育局及吴中区教育局决定，根据江苏省教育厅和江苏省教育评估院作出的关于将国家级示范高中转评为江苏省四星级普通高中的要求，江苏省木渎高级中学列入首批从国家级示范高中转评为江苏省四星级普通高中的学校行列。

2003年12月，江苏省木渎高级中学顺利接受由江苏省教育厅、江苏省教育评估院组成的专家组的"转评"评估验收。专家组认为，江苏省木渎高级中学的办学条件、办学质量、管理水平、校园文化氛围已达到一定高度，从而顺利通过从国家级示范高中转评为江苏省四星级普通高中的初步评审。

2004年3月5日，江苏省教育厅公布：经江苏省教育评估院评定，江苏省木渎高级中学等江苏省96所高中，被正式转评为江苏省首批四星级普通高中。

2004年6月，江苏省木渎高级中学新校区正式破土动工，标志着江苏省木渎高级中学易地新建工程进入实质性阶段。

2005 届高三（2）班毕业照

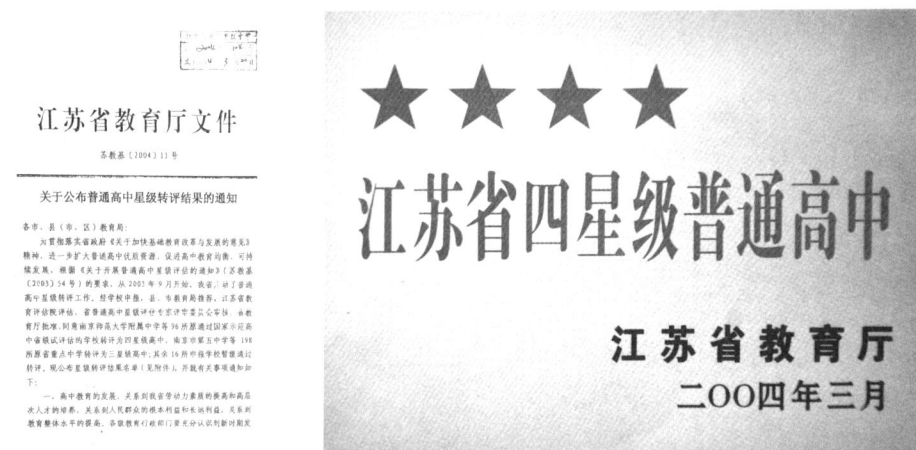

江苏省教育厅同意木渎中学星级转评的文件

江苏省教育厅颁发的"江苏省四星级普通高中"铜匾

2004 年，学校继续保持良好的教育质量，并在高考中取得优异成绩，2004 届高中毕业生金晔被北京大学录取，钱凤奇等 3 位同学被复旦大学录取。多名同学被国内其他著名院校录取。

2004 年 12 月，江苏省木渎高级中学领导班子——校长、党总支书记：顾志红，副校长：王海赳、李建邡。

陆忠源因任苏州工业园区第二高级中学校长，免去学校党总支副书记职务。

2004—2005 学年度，江苏省木渎高级中学有教师 198 人，为：安云（政治）、柏建明（英语）、曹世芳（历史）、曹晓彬（物理）、查雪娟（物理）、陈福林（语文）、陈福荣（语文）、陈静（数学）、陈莉芳（英语）、陈伟华（数学）、陈燕平（语文）、陈益（英语）、陈允飞（生物）、程朝阳（语文）、储良玉（物理）、崔佳方（数学）、戴洪圣（地理）、丁仕武（历史）、董益民（英语）、范晖（数学）、范金元（语文）、范莉（数学）、冯永华（物理）、府嘉玲（语文）、葛建军（信息技术）、顾春燕（英语）、顾红华（数学）、顾彤彤（体育）、顾小煜（历史）、顾晓东（物理）、顾志红（政治）、郭白男（地理）、郭胜豪（体育）、何金华（英语）、胡美芳（语文）、胡长树（语文）、黄桂平（语文）、黄生元（历史）、黄艳（英语）、计建华（信息技术）、季敏（化学）、江永红（物理）、蒋洁（物理）、蒋金林（美术）、蒋兴东（地理）、金城（历史）、金惠明（物理）、金挺（语文）、金效红（语文）、金玉明（物理）、居春华（体育）、琚珍（英语）、孔新华（数学）、雷兴东（体育）、李爱华（生物）、李宝林（语文）、李灏（物理）、李红（数学）、李慧华（音乐）、李建邡（语文）、李菊兰（化学）、李庆华（语文）、李霞（英语）、李雅萍（数学）、李燕（化学）、凌佩玉（政治）、凌益民（劳技）、卢怀跃（化学）、卢月红（英语）、陆芹（化学）、陆胜兴（体育）、陆淑华（英语）、陆文明（化学）、陆友波（英语）、陆忠源、吕金秀（物理）、马春燕（化学）、马莉莉（地理）、马美玲（历史）、缪海云（音乐）、倪剑眉（语文）、牛波（生物）、潘莉华（英语）、潘明（语文）、潘珍（语文）、潘振嵘（数学）、彭安来（语文）、钱家荣（心理学）、钱雪良（化学）、邱霞萍（英语）、荣洪昌（信息技术）、沈才辉（数学）、沈东明（政治）、沈红（英语）、沈红（政治）、沈建新（物理）、沈静芬（英语）、沈立新（英语）、沈荃福（体育）、沈卫斌（物理）、沈铮泓（美术）、沈祖荣（物理）、师奇铭（物理）、施利萍（语文）、史菊芳（政治）、苏俭生（化学）、孙国富（数学）、孙夏珍（数学）、谈新芳（化学）、唐瑛（英语）、陶治国（英语）、王超（历史）、王德明（政治）、王德众（历史）、王海赳（数学）、王红霞（政治）、王琴弘（生物）、王水娥（物理）、王晓娟（物理）、王晓秦（物理）、王宣东（物理）、王雪元（数学）、王玉（生物）、王震（历史）、翁世荣（数学）、翁文方（政治）、吴彬彬（物理）、吴国洪（体育）、吴寒冬（劳技）、吴可峰（英语）、吴素芳（语文）、吴亭（数学）、吴兴国（数学）、夏雪峰（数学）、谢辉业（英语）、徐文平（英语）、徐晓东（物理）、徐志刚（地理）、许彩芳（数学）、薛亮（语文）、杨小敏（信息技术）、杨耀荣（历史）、杨茵（化学）、姚秀芳（数学）、叶虹（英语）、殷丽琼（数学）、殷小红（美术）、殷永德（语文）、尤荣念（语文）、於学林（体育）、于舒（生物）、俞晓萍（历史）、虞玲玲（语文）、郁丹（语文）、郁建（物理）、袁兵（英语）、臧舸（语文）、张宝平（生物）、张宏（语文）、张华（化学）、张瑾（化学）、张黎艳（音乐）、张平渠（音乐）、张庆福（心理学）、张四海（生物）、张莹莹（数学）、赵建男（体育）、赵长虎（英语）、郑德志（数学）、郑文磊（数学）、钟玉芬（数学）、仲秀芳（英语）、周春敏（英语）、周金圣（政治）、周连根（化学）、周卫（英语）、周文华(英语)、周新玲(数学)、朱宝根(生物)、朱德全(英语)、朱广湘(物理)、朱国团(体育)、朱红明(语文)、朱惠瑛(英语)、朱理君(语文)、朱萍萍(英语)、朱其颂(体育)、朱芹(政治)、朱瑞宏(体育)、朱寿根(化学)、朱晓良(物理)、朱晓祥(数学)、朱雅红(英语)、庄梅(数学)、邹斌强(信息技术)、邹艳(语文)。

2004年，江苏省木渎高级中学拥有的特级教师、各级知名教师、各级带头人名单如下：

顾志红，苏州市名校长、苏州市教育科研学术带头人；王海赳，江苏省特级教师、苏州市名教师、吴县市知名教师、苏州市数学学科教改带头人、吴县市数学学科教改带头人；李建郊，苏州市名教师、吴县市知名教师、苏州市语文学科教改带头人、吴县市语文学科教改带头人；胡长树，江苏省特级教师；顾庆旋，吴县市知名教师；殷永德，吴县市知名教师、吴县市语文学科教改带头人；黄生元，吴中区知名教师、苏州市政治学科教改带头人、吴县市政治学科教改带头人；范金元，吴中区知名教师、吴县市语文学科教改带头人；沈才辉，吴中区知名教师；沈卫斌，吴中区知名教师；王雪元，苏州市数学学科教改带头人、吴县市数学学科教改带头人；金城，苏州市历史学科教改带头人、吴县市历史学科教改带头人；金玉明，苏州市地理学科教改带头人、吴县市地理学科教改带头人；琚珍，苏州市英语学科教改带头人、吴县市英语学科教改带头人；钱家荣，苏州市教育学心理学学科教改带头人、苏州市教育科研学术带头人；陆胜兴，苏州市体育学科教改带头人、吴县市体育学科教改带头人；庄梅，苏州市数学学科教改带头人、吴中区数学学科教改带头人；荣洪昌，吴县市劳技学科教改带头人；季敏，吴县市化学学科教改带头人；金惠明，吴县市物理学科教改带头人；周文华，吴县市英语学科教改带头人；朱寿根，吴县市化学学科教改带头人；朱德全，吴县市英语学科教改带头人；杨耀荣，吴县市历史学科教改带头人；查雪娟，吴中区物理学科教改带头人；沈静芬，吴中区英语学科教改带头人；郭白男，吴中区地理学科教改带头人；钱雪良，吴中区化学学科教改带头人；陈祥书，吴中区语文学科教改带头人；程朝阳，吴中区语文学科教改带头人；孙国富，吴中区数学学科教改带头人；袁兵，吴中区英语学科教改带头人；史菊芳，吴中区政治学科教改带头人；王得众，吴中区历史学科教改带头人；郭胜豪，吴中区体育学科教改带头人；范晖，吴中区数学学科教改带头人；郁建石，吴中区物理学科教改带头人。

2005年，学校高三毕业生在高考中取得优异成绩，再创学校高考成绩历史记录：获得高考600分以上的学生有121人，囊括吴中区理科前10名，文科前8名，录取本科院校的高三毕业生有700人。吴舟桥、邱瑞、张亮被北京大学录取。陈

新校校门

苏州市委领导祝贺江苏省木渎高级中学
新校址落成

晓明被清华大学录取。

2006 年 1 月，江苏省木渎高级中学从原来的木渎镇翠坊南街 16 号校址，正式搬迁至灵天路 588 号的新校址。

新校址落成，并实施搬迁易地办学，是学校广大师生、校友值得纪念的时刻，也成为学校发展史和吴中教育发展史的重要里程碑。学校举行新校落成庆典活动。

易地新建的江苏省木渎高级中学校园，群山环抱，绿树成荫，鸟语花香，有"校外有山，校在山中，学在山中"之妙之美，成为江苏省普通中学中，校园占地面积最大、校园环境最环保的绿色园林学校。

江苏省教育厅专门为江苏省木渎高级中学新校落成发来贺信，希望学校以新校落成为新的起点，不断提高教育质量和办学水平，为培养更多更好的高素质人才做出新的更大贡献。

江苏省木渎高级中学由此进入在新的发展天空、新的跨越空间中，开拓全新发展的崭新阶段。学校全体教职员工依托新校新址为进一步办学与发展的广阔平

依山傍水的新校园

位于灵岩山麓的新校园

新校园的办公楼

新校园的教学楼

新校园的学术交流中心

新校园的科学艺术中心

外籍教师

外籍教师

教育部副部长赵沁平视察木渎中学

非洲教育代表团来访

台，确立了"以人为本，传承文明，以研导行，开拓创新"的办学理念；确立了"把江苏省木渎高级中学建成省内一流、国内知名、国际可比的开放型的现代化名校"的宏大办学目标。

进入 21 世纪以来，江苏省木渎高级中学积极开展对外合作活动，与清华大学、北京大学、南京大学、华东师范大学等几十所高校建立固定的关系，与江苏省内 7 所著名中学建立"七校联谊"关系，与国内 300 余所著名中学互通信息。

进入新世纪以来，学校先后接纳多名外籍教师来校执教，开发了"意大利留学'马可波罗'计划""美国等英语国家留学 ACT-GAC 全球大学预科课程""韩国留学计划"等出国留学项目。与加拿大 BC 省合作实施加拿大 BC 省中学课程和学历教育。

2006 年，江苏省木渎高级中学有 54 个班级，学生 2409 名。

2006 年 5 月，教育部副部长赵沁平来新校园视察。

2006 年 9 月，先后有非洲教育代表团、德国里莎市教育代表团来学校的新校园访问考察。

德国教育代表团来访

学生在江苏省高中作文大赛中获奖

学生参加区校园文化艺术节

学生在无线电测向比赛中获奖

2006 年，学校获吴中区文明单位称号，被评为苏州市校务公开先进学校、苏州市教育信息化先进单位，学校团委被评为江苏省五四红旗团委创建单位。

李建邡被评为教授级中学高级教师。

2006 年 8 月，校长室下设校长办公室、教务处、德育处、总务处、教科室、国际合作与交流处。殷永德任副校长。

学校成立作文、书画、舞蹈等学生社团，形成丰富多彩的校园文化氛围，开展了无线电测向、奥林匹克多学科竞赛活动，学生频频在作文、文化艺术节、无线电测向、多学科奥赛中获奖。

2006 年，学校高三毕业生在高考中取得优异成绩，录取本科院校的高三毕业生有 500 余人。骆冰兰、杨昊雯同学被北京大学录取。

2006 年 11 月 18 日，苏州市政府督导室对江苏省木渎高级中学进行督导。认为江苏省木渎高级中学的现代化办学条件得到有效改善，办学水平得到有效提升，教育教学质量逐年稳步提高，形成了良好的校风、教风、学风，凝聚了良好的校园文化氛围，获得社会、家长的满意和上级的认可。

法国教育专家来访

英国嘉利维教育联盟来访

澳大利亚旺格拉塔市教育代表团来访

GAC 课程授权仪式

2006 年度，学校有一大批教师获得各类荣誉称号，李锋、陈福荣、钱志刚、钟玉芬、吴兴国、顾红华、夏雪峰、郑文磊、陶治国、李灏、徐晓东、苏俭生、陆片、陈允飞、王玉、王德明、顾小煜、王震、曹世芳、王水娥、吴国洪、朱国团等被评为吴中区第一批语文、数学、政治、英语、物理、化学、生物、历史、地理等学科骨干教师；潘明、潘珍、黄桂平、周新玲、高福龙、陈伟华、董益民、柏建明、沈红、朱萍萍、沈祖荣、罗俊奇、杨茵、马春燕、卢怀跃、王琴弘、张宝平、牛波、张四海、沈红、朱芹、刘启新、王宏敏、丁仕武、马莉莉、王晓秦、金文忠、朱瑞宏、邹斌强等为吴中区第二批各学科骨干教师。

2007 年，学校先后接待韩国、德国和法国教育代表团与专家，英国嘉利维教育联盟来校考察访问。学校与澳大利亚旺格拉塔中学签订建立友好姐妹学校的协议关系。

学校还启动 GAC 课程教学和意大利语教学，分别举行 GAC 课程教学点授权仪式，举行意大利语开班典礼。

2007 年 6 月，苏州市人民政府在江苏省木渎高级中学举行第三届国际名城名

国际名城名人乒乓球俱乐部邀请赛

新生接受军训

学生赴敬老院开展爱心慰问活动

师徒结对仪式

人乒乓球俱乐部邀请赛。

2007年，学校注重加强思想政治教育，对新生进行入学前军训，遵章守纪教育，开展学雷锋献爱心活动。江苏省木渎高级中学被评为2005—2006年度江苏省文明学校。

2007年，学校加强以师资队伍建设的师德师能的素质教育，开展一帮一、一对一的师徒结对活动，以提升青年教师的教学业务水平。

范金元、琚珍老师被评为苏州市名教师。

2007年12月29日，江苏省木渎高级中学隆重举行建校七十周年校庆。江苏省教育厅，苏州市教育局，中共吴中区委、吴中区政府发来贺信；东南大学、华东师范大学、南京航空航天大学、江南大学等高校发来贺信；澳大利亚旺格拉塔高中、美国杜瑞大学、加拿大BC省校长协会、韩国仁荷大学及耽罗大学等海外友好学校发来贺信，祝贺江苏省木渎高级中学建校七十年以来取得的办学成果。

江苏省木渎高级中学七十周年校庆期间，国内一些著名高校校长发来亲笔题词以贺，他们或敬贺江苏省木渎高级中学"春风化雨催桃李，办学七秩育英才"，

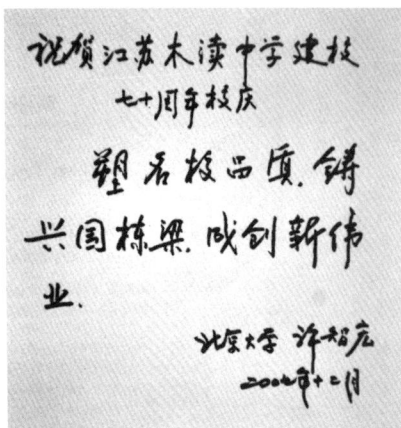

北京大学校长许智宏题词

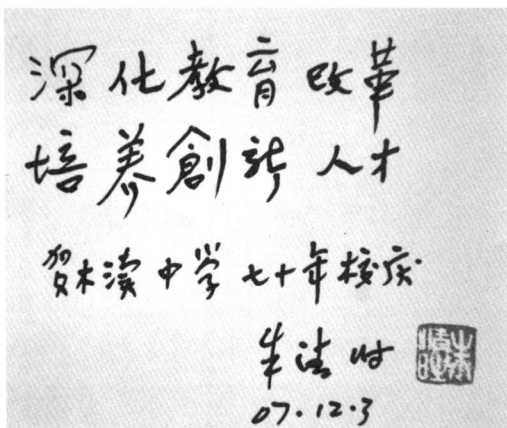

中国科技大学校长朱清时题词

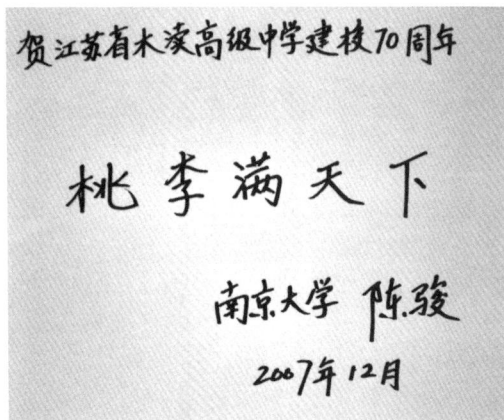

南京大学校长陈骏题词

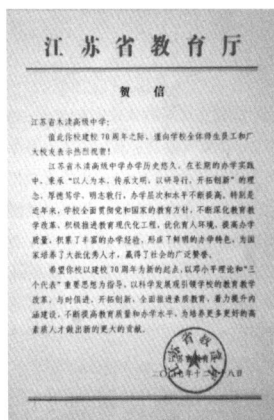

江苏省教育厅贺信

或期望江苏省木渎高级中学"与时俱进创伟业,科学发展育新人"。

　　发来亲笔题词的校长有:中国科技大学原校长、著名科学家谷超豪,北京大学校长许宏智,南京大学校长陈骏,中国科技大学校长朱清时,南京理工大学校长王晓峰,南京师范大学校长宋永忠,广东外语外贸大学校长黄建华,苏州科技大学校长何若全等。

　　学校部分老领导:郭彬祺、高鹤松、徐雄山、许诚意、何钰、马澄玉、赵季康、吴鸿泉等老同志,也纷纷挥毫题词祝贺。

　　2008年,高二年级鲁昊骋同学在国际生物奥林匹克比赛中获金牌。

　　我校国际高中部GAC学生倪予凯在美国ACT高考中,以34分(满分36分)成绩获亚太区状元。

　　2008年,学校继续保持良好的教育质量。高三学生陈海江在高考中取得苏州

举行公开课活动

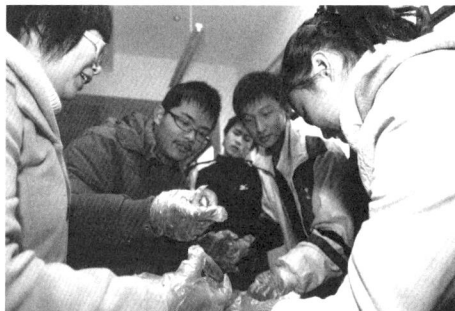

主题班会

大型义卖活动

学生鲁昊骋（左）入选国家生物奥赛集训队并获国际赛金牌

市理科高考状元，获李政道一等奖学金。

2008 年 11 月，国家教育部原副部长王湛及基础教育司司长、原江苏省教育厅厅长王斌泰一行来我校视察。

2008 年，学校被评为 2006—2007 年度江苏省体育工作先进单位称号。

2009 年 3 月起，王海赳副校长全面主持江苏省木渎高级中学的学校工作。

2009 年 8 月，原吴中区教育局副局长、江苏省木渎高级中学校长、党总支书记顾志红，调任苏州太湖国家旅游度假区社会事业局副局长。

2009 年 8 月，王海赳任江苏省木渎高级中学党总支书记、校长。副校长：李建邡、殷永德。

学校党总支下辖 5 个支部：行政党支部、文科党支部、理科党支部、天华党支部、退协党支部。

2008 届高三毕业班合影

　　2009 年，学校有 48 个班级，学生共 2180 名。2009 届高中毕业学生近 700 名。

　　2009—2010 学年度，江苏省木渎高级中学有教职工 324 人。专任学科教师有 314 名，为：安云（政治）、柏建明（英语）、曹建平（语文）、曹世芳（历史）、曹晓彬（物理）、查雪娟（物理）、柴丽萍（地理）、陈刚（数学）、陈华（语文）、陈华（物理）、陈瑾（化学）、陈静（数学）、陈悦（英语）、陈福荣（语文）、陈绮雯（化学）、陈伟华（数学）、陈祥书（语文）、陈晓珍（数学）、陈益（英语）、陈允飞（生物）、程进（英语）、程朝阳（语文）、崔佳方（数学）、戴洪圣（地理）、丁仕武（历史）、董益民（英语）、杜美英（数学）、范莉（数学）、范茜（数学）、范晖（数学）、范金元（语文）、范晓乔（语文）、方莉（数学）、方新阳（数学）、冯丽婷（数学）、冯永华（物理）、府嘉玲（语文）、高福龙（数学）、葛建军（信息技术）、顾红华（数学）、顾金凤（英语）、顾彤彤（体育）、顾薇瑾（化学）、郭白男（地理）、郭胜豪（地理）、何佳（通用技术）、何金华（英语）、胡长树（语文）、黄艳（英语）、黄桂平（语文）、黄鹤平（数学）、黄菊平（信息技术）、黄生元（政

治）、计建华（心理学）、季敏（化学）、江永红（物理）、江玉芬（体育）、蒋洁（物理）、蒋玲（英语）、蒋文清（生物）、蒋育君（语文）、金挺（语文）、金城（历史）、金洪忠（政治）、金惠明（物理）、金秋荣（历史）、金文忠（地理）、金效红（语文）、金玉明（地理）、居春（体育）、琚珍（英语）、孔红芳（政治）、孔新华（数学）、雷兴东（体育）、李芳（语文）、李刚（数学）、李灏（物理）、李红（数学）、李霞（英语）、李燕（化学）、李峰（语文）、李爱华（生物）、李宝林（语文）、李海平（信息技术）、李慧华（体育）、李建邡（语文）、李庆华（语文）、李秋芳（英语）、李莎莉（数学）、李霞琴（语文）、李晓英（信息技术）、李雅萍（数学）、李耀辉（语文）、梁秀锋（语文）、凌云（语文）、凌益民（信息技术）、刘启新（政治）、卢怀跃（化学）、陆弘（政治）、陆萍（历史）、陆芹（化学）、陆胜（数学）、陆红娟（数学）、陆华琴（语文）、陆胜兴（地理）、陆淑华（英语）、陆文明（化学）、陆友波（英语）、罗俊奇（物理）、吕金秀（物理）、马喆（物理）、马春燕（化学）、马俊燕（语文）、马莉莉（地理）、马美玲（历史）、马新华（数学）、毛美燕（化学）、缪海云（音乐）、倪剑眉（语文）、牛波（生物）、潘明（语文）、潘珍（语文）、

潘丽敏（生物）、潘莉华（英语）、潘振嵘（数学）、彭安来（语文）、浦鹤明（历史）、钱国良（生物）、钱雪良（化学）、钱志刚（语文）、邱方燕（英语）、邱霞萍（英语）、邱晓华（生物）、任亚南（英语）、荣洪昌（美术）、阮春兰（数学）、沈红（政治）、沈一（语文）、沈才辉（数学）、沈东明（政治）、沈红萍（数学）、沈建新（物理）、沈静芬（英语）、沈立新（英语）、沈卫斌（物理）、沈雪明（数学）、沈铮泓（音乐）、沈祖荣（物理）、师奇铭（地理）、施利萍（语文）、石云（地理）、史俊（语文）、史菊芳（政治）、宋雯婷（政治）、宋雅珠（英语）、宋亚美（化学）、苏俭生（化学）、孙炳盛（物理）、孙国富（数学）、孙夏珍（数学）、孙晓林（物理）、孙晓雯（美术）、孙艳红（地理）、谈新芳（化学）、汤群英（物理）、唐瑛（英语）、唐英（化学）、唐晓丽（数学）、陶治国（英语）、屠洪康（物理）、王玉（生物）、王超（历史）、王芳（语文）、王芳（物理）、王霞（英语）、王燕（英语）、王德明（政治）、王海赳（数学）、王红霞（政治）、王宏敏（历史）、王锦花（化学）、王琴弘（生物）、王水娥（地理）、王晓娟（物理）、王晓秦（历史）、王宣东（物理）、王雪元（数学）、王雅静（历史）、王彦清（化学）、翁火明（数学）、翁世荣（数学）、翁文方（政治）、翁逸飞（英语）、吴昊（信息技术）、吴洁（语文）、吴亭（数学）、吴彬彬（物理）、吴国洪（体育）、吴寒冬（电教）、吴金才（地理）、吴可峰（英语）、吴萍萍（生物）、吴素芳（语文）、吴兴国（数学）、夏雪峰（数学）、谢辉业（英语）、徐艳（物理）、徐勤勇（生物）、徐文平（英语）、徐晓东（物理）、徐志刚（地理）、许彩芳（数学）、严红平（化学）、杨靖（物理）、杨静（化学）、杨乐（音乐）、杨茵（化学）、杨赟（音乐）、杨桂霞（化学）、杨小敏（信息技术）、杨耀荣（历史）、杨雨洲（语文）、姚秀芳（数学）、叶虹（英语）、殷小红（音乐）、殷永德（语文）、於学林（体育）、于舒（生物）、俞晓萍（历史）、郁丹（语文）、郁建石（物理）、袁兵（英语）、张宏（语文）、张华（化学）、张瑾（化学）、张荣（历史）、张宝平（生物）、张平渠（体育）、张巧珍（语文）、张士群（数学）、张四海（生物）、赵建男（体育）、赵长虎（英语）、郑德志（数学）、郑文磊（数学）、钟玉芬（数学）、仲伟伟（历史）、仲秀芳（英语）、周卫（英语）、周瑶（政治）、周春敏（英语）、周红梅（政治）、周金圣（政治）、周丽琴（语文）、周连根（化学）、周培芳（化学）、周文华（英语）、周新玲（物理）、周雪红（英语）、周旬月（语文）、周玉芳（化学）、朱峰（历史）、朱芹（政治）、朱伟（数学）、朱宝根（生物）、朱德全（英语）、朱国团（体育）、朱红明（语文）、朱丽君（语文）、朱妹英（美术）、朱萍萍（英语）、朱其颂（体育）、朱瑞宏（体育）、朱寿根（化学）、朱晓祥（数学）、朱雪明（数学）、朱雅红（英语）、诸嘉（地理）、庄雯佳（语文）、邹艳（语文）、邹斌强（心理学）、祖海成（语文）。

学科教师中，教授级高级教师 1 人，特级教师 4 人，高级教师 118 人，中学一级教师 97 人。

学校以庆祝中华人民共和国建国六十周年为契机，以弘扬爱国主义民族精神为抓手，以爱我母校为切入点，深入开展爱国主义教育，激发学生爱母校、爱家乡、爱祖国的情感。

学校依据基础教育课程改革方案和江苏省高考改革方案，加强师资队伍建设，严格教学常规管理，创新教学模式，不断提高课堂教学效益，全面落实江苏省"五个严格"、苏州市"三项规定"的精神，积极探索减负增效工作，积极推进素质教育，教育教学质量得到了全面提升。

2009 年，江苏省木渎高级中学以良好的办学软硬件条件，顺利通过江苏省教育评估院对星级普通高中的复审。

2009 年，学校在高考中再创辉煌：张彪同学进入省前 100 名，并被北京大学录取，徐策、牛建培同学被保送复旦大学，沈利刚、查静强同学被上海交通大学提前录取。本科进线人数 446 人，总分 380 分以上的 60 人，本二上线率比 2008 年提高 1.3 个百分点，数十名同学被美国哥伦比亚大学、密歇根理工大学等欧美日韩一流高校录取。

2 名学生在数学奥林匹克比赛中获省一等奖，15 人获二、三等奖，19 人在物理奥林匹克比赛中获省二、三等奖，10 人在化学奥林匹克比赛中获省二等奖。9 人在生物奥林匹克比赛中获省一等奖，其中 4 人获保送资格，1 人获冬令营银奖。

江苏省木渎高级中学的国家重点课题子课题"创新教师教育模式，构建校本特色教师教育体系研究"获全国一等奖。学校高分通过加拿大 BC 省教育部对我校中加 BC 合作项目的年检，顺利拿到加拿大 BC 省教育部的认证。

江苏省木渎高级中学成为美国数学竞赛俱乐部中国区会员学校，被评为苏州市语言文字规范化示范校、全国中小学生（江苏地区）金钥匙科技竞赛青少年科技教育先进学校，被授予苏州大学优质生源基地。

李莎莉、方新阳、方莉老师的数学网络团队在全国中小学信息技术创新与实战活动中获全国一等奖。陈允飞老师被评为全国模范教师，金城、钱家荣被评为苏州市名教师，潘珍、杨茵、张荣、俞晓萍老师获吴中区中青年学科带头人称号。

2010 年 7 月，殷永德因另有任用调出木渎中学，不再担任副校长职务。

2010 年 7 月，范金元、金惠明、黄生元任学校副校长。学校副校长有：李建郃、范金元、金惠明、黄生元。2010 年 9 月，程朝阳同志任校长助理。

2010 年，江苏省木渎高级中学积极创建平安学校和谐校园，不断丰富德育工作内容，积极探索德育工作新方法。学校加强对学生的思想政治工作，提升学生

培东实验基地、培东实验班揭牌仪式

的思想觉悟，开展学生党团组织建设。有 6 位学生加入中国共产党，有 50 多位学生获省、市、区"三好学生""优秀学生干部"称号。

2010 年，学生在学科奥林匹克竞赛中成果显著：5 人获数学奥赛省一等奖；24 人分别获化学奥赛省一等奖、二等奖；9 人获生物奥赛省一等奖，5 人获保送资格；1 人获物理奥赛省一等奖。4 名高一学生获省化学"冯茹尔杯"化学知识通讯赛一等奖，4 人获"地球小博士"全国地理科技大赛一等奖，初三何芷嫣同学和高三丁树安同学分别获苏州市三语比赛综合奖第一名、普通话第一名，2 人获苏州市中学生英语能力竞赛一等奖。

2010 年，学校在高考中再创佳绩：黄家印、史高飞、唐晓燕、黄彬等 4 位同学被保送复旦大学等名校。2 位学生超 400 分，380 分以上的高分有 46 人。达本二线人数普通类考生 410 人，本二上线率 72.13%。

2010 年，江苏省木渎高级中学完成了国家教育科学重点课题的子课题"创新教师教育模式，构建校本特色教师教育体系研究"全部研究工作。研究工作获全国一等奖。教师在各级各类刊物发表论文 150 多篇，其中核心刊物 7 篇；完成子

团员学生赴民工学校贡献爱心

2011 年张梦茜（左三）获李政道奖学金

课题 10 多项，发表相关论文 10 多篇。获奖论文或科研成果 100 多项，其中省级以上 10 多项，市级 40 项。

学校的《爱在木中——"传递"爱心社活动纪实》电视专题片，荣获第七届中国中小学校园电视节社教专题类金奖。学校获"江苏省中小学心理健康教育先进单位""江苏省'十五'期间中小学优美校园"称号，学校团委被评为"江苏省五四红旗团委"。

2010 年，钱家荣被评为江苏省特级教师，范晖、袁兵、查雪娟、史菊芳被评为苏州市中小学学科带头人，钱志刚、吴素芳、牛波、王德明、丁仕武被评为吴中区中青年学科教改带头人，朱丽君、蒋育君、祖海成、许彩芳、陈益、潘莉华、王晓娟、孙炳盛、陈瑾、翁文芳、孙艳红、李慧华、沈铮泓、葛建军被评为吴中区学科骨干教师，王宣东、孙国富、孙炳盛、周春敏被评为吴中区优秀班主任。

殷永德获江苏省重视学校体育工作优秀校长称号，范金元获江苏省中小学校优秀党务工作者称号，卢怀跃荣获全国基础教育科研先进个人。李庆华、郁建

2011届高三毕业班合影

石、陆胜兴、金玉明、李峰被评为苏州市优秀教育工作者，杨耀荣被评为吴中区
优秀德育工作者，朱红明被评为吴中区爱生模范，马美玲、仲尧新、李霞、李
燕、陆淑华被评为吴中区师德先进个人，朱其颂获吴中区青年教师双十佳称号，
沈立新、柴丽萍、翁文方、姚秀芳、夏雪峰、葛建军、金伯元、周瑶被评为吴中
区优秀教育工作者。

卢怀跃获全国基础教育科研成果一等奖，潘振嵘被评为江苏省高中数学课程
教材改革实验先进个人，何佳获苏州市高中通用技术优课评比一等奖，潘振嵘、
范晖获苏州市中小学教师命题大赛一等奖。

2011年，江苏省木渎高级中学与中国科学技术大学合作创办的"培东实验基
地""培东实验班"揭牌。我校杰出校友、获"世界杰出华人奖"的著名科学家
杨培东专程回母校，与中国科学技术大学、吴中区党政领导、苏州市教育局领导
出席揭牌仪式。

江苏省木渎高级中学的"生物多样性探究"课程基地，成功申报为江苏省普
通高中课程基地。

学校在 2011 年高考中再创辉煌：张梦茜获苏州市理科第二名，并获得李政道奖学金。

学校持续保持一流教育质量。应届毕业生在高考中获总分 400 分以上的考生有 2 人，390 分以上的有 6 人，380 分以上的有 19 人，370 分以上的有 53 人。在苏州大市位居前列。430 名高中毕业生进入本二线，其中，2 人分别被清华大学、北京大学录取。

2011 年，江苏省木渎高级中学有 9 名同学获全国中学生生物学联赛（江苏赛区）一等奖，占苏州大市获奖人数的四分之一。其中，顾苏芳、黄晓雪同学获高校保送资格。顾苏芳在生物奥赛全国比赛中获二等奖。3 名同学获全国中学生数学联赛（江苏赛区）一等奖，徐启明同学为苏州市第一名。徐扬同学获全国中学生化学联赛（江苏赛区）一等奖。潘旭东等 2 名同学获江苏省中学生"金钥匙"化学竞赛一等奖。徐兰等 15 名同学获江苏省"冯茹尔杯"化学竞赛一等奖。2 名学生在苏州市"独唱、独奏、独舞"比赛中获一等奖。

江苏省木渎高级中学的"十一五"省级立项重点课题"为人生整体教育观指

优秀学生获奖

迎高考主题班会

江苏省教育学会班主任专业委员会
年会在木渎中学举行现场观摩活动

优秀教师公开课

导下的学校心理教育探索"顺利结题，被推荐为苏州市优秀课题。

江苏省木渎高级中学被评为全国中小学生（江苏地区）金钥匙科技竞赛青少年科技教育先进学校、苏州市红十字示范学校、苏州市语言文字工作先进集体、苏州市中小学心理健康教育工作先进学校、苏州市教育技术装备管理先进学校。

2011年，周春敏、陆胜兴被评为苏州市名教师，张四海获全国中小学生（江苏地区）金钥匙科技竞赛青少年科技教育先进个人，陆芹获苏州海外联谊会周氏德育奖励金。陈瑾、王琴弘、朱瑞宏获吴中区青年学科教改带头人称号，史俊、金挺、宋亚美、周金圣获吴中区学科骨干教师称号。

王海赳、钱家获苏州市"十一五"科研成果奖一等奖，潘振嵘、宋雯婷、朱芹、王晓秦、李耀辉获苏州市学科把握能力比赛一等奖，卢怀跃获苏州市中学化学教育论文一等奖，钱雪良获苏州市中小学优秀实验教学论文一等奖，潘振嵘获苏州市中学青年数学教师优秀课评比一等奖。

2011年，江苏省木渎高级中学有44个班级，学生1862名，教职工323多名，专任教师318名，教授级高级教师1名，特级教师4名，高级教师168名，中学

2012 届高三（1）班毕业照

校领导班子

一级教师 88 名。

2011 年 9 月起，学校校长室增设学生发展指导中心。校长室下设校长办公室、教务处、德育处、总务处、教科室、教技室、合作与交流处、学生发展指导中心。

2012 年，学校有 42 个班级，学生 1693 名，教职工 323 名，专任教师 314 名，其中教授级高级教师 2 名，特级教师 4 名，高级教师 128 名，中学一级教师 108 名。

2012 年 8 月起，徐晓东任学校副校长（兼任教技室主任）。学校副校长有：李建邠、范金元、金惠明、黄生元、徐晓东。

2012 年 5 月起，程朝阳任吴中区教育局副局长，不再担任江苏省木渎高级中学校长助理、学生发展指导中心主任。

学校仍然保持良好的教育质量，在 2012 年的高考中再创辉煌：2012 届高三毕业生考分达到本一线的有 281 人，本一达线率 43.4%；最高分为 406 分。

2013 年，江苏省木渎高级中学有 46 个班级，学生 1758 名。学校有教职工 300 名，专任教师 307 名。其中，教授级高级教师 2 名，特级教师 4 名，高级教

学生开展迎建党九十周年涂鸦大赛

优秀教师公开课

学生参加吴县中学生辩论赛

优秀教师公开课

师 124 名，中学一级教师 99 名。

范金元因工作调动，从 2013 年 8 月底起，不再任学校副校长。

江苏省木渎高级中学校领导班子为——校长：王海赳；副校长：李建邠、金惠明、黄生元、徐晓东。

2013 年，江苏省木渎高级中学的 4 位同学获全国中学生生物学联赛（江苏赛区）一等奖，占苏州大市获奖人数的二分之一，任豪同学在全国中学生生物竞赛中获一等奖，进入省代表队及国家集训队。3 位同学获全国中学生数学联赛（江苏赛区）一等奖。6 位同学获全国中学生物理联赛（江苏赛区）省一等奖。

江苏省木渎高级中学有 4 项科研课题被列为苏州市级课题，其中两项为重点课题。被列为区级课题的有 2 项。有 1 个全国电教课题结题，1 个区级课题结题。教师在各级各类刊物发表论文 113 篇，获奖论文 80 篇。

2013 年，江苏省木渎高级中学被评为江苏省健康促进学校、江苏省中小学校创先争优先进集体、苏州市普通高中科学提高教学质量先进学校、苏州市青少年体育工作先进集体、苏州市群众体育先进集体、苏州市青少年体育工作先进集

2013届高三（1）班毕业照

体、苏州市创先争优先进基层党组织、吴中区文明单位、吴中区"德育导师制"工作先进集体、吴中区"985"工程名牌高校优质育苗奖。

2013年，李宝林、潘振嵘、郁建石、师奇铭老师获苏州市中小学学科带头人称号，陈伟华、朱萍萍、仲伟伟、王晓秦、葛建军获苏州市中青年学科教改带头人称号，周春敏获苏州市十佳班主任称号，袁兵、潘振嵘、朱萍萍、蒋育君、张瑾获苏州市优秀教育工作者称号，沈红、戴洪圣、邱霞萍、王水娥、朱芹、祖海成、范莉被评为吴中区优秀班主任，史俊获吴中区班主任带头人称号，马莉莉、朱红明、李刚、俞晓萍、计建华、吴素芳、江永红、安云获吴中区优秀教育工作者称号，吴素芳获吴中区青年教师"双十佳"称号，虞玲玲、邱霞萍被评为吴中区优秀德育导师，陈福荣获吴中区爱生模范称号，李雅萍、倪剑眉被评为吴中区师德先进个人。

马莉莉获江苏省环境教育优秀教案二等奖，孙艳红获苏州市优秀陶研论文一等奖，潘振嵘获苏州市优秀教案评选一等奖，潘振嵘获苏州市教学学会优秀论文一等奖。

青年教师举行师德宣誓活动

极地科学家杨惠根来校举行科技讲座

美国北卡罗莱纳州立大学来访

与加拿大苏安学校建立合作关系

2013年，学校在高考中取得优异成绩：高三毕业生的本二达线率为83%，在连续五年提高的基础上，比2012年提高10个百分点。2名高二学生通过高考进入中国科学技术大学创新实验班，收获我校培东班教育新成果。

江苏省木渎高级中学有3名同学获全国中学生生物学联赛（江苏赛区）一等奖，占苏州大市获奖人数的二分之一。金正扬同学获江苏赛区第一名。3位同学获全国中学生物理竞赛江苏赛区一等奖。6名高二学生获全国中学生物理竞赛省一等奖。2位学生获全国中学生数学竞赛江苏省一等奖。

2013年，江苏省木渎高级中学获全国中小学（江苏地区）金钥匙科技竞赛团体赛二等奖。被评为苏州市节水型学校、苏州市体卫艺工作先进集体、吴中区教育信息化先进单位、吴中区中小学心理健康教育工作先进学校、吴中区红旗团委。获得吴中区中小学"规范管理奖"一等奖、吴中区高中军训会操一等奖、课本剧表演一等奖、高考本科率提升奖、高考"985""211"高校育苗奖。

2013年，王海赵被评为苏州市名校长，黄菊平获普罗米修斯互动教学优秀教师（国家级）称号及苏州市教育信息化先进个人，并获全国中小学交互式电子白

2014届高三（1）班毕业照

板学科教学大赛教学录像课评比一等奖、全国中小学交互式电子白板学科教学大赛现场说课评比二等奖，沈红获苏州市学科双优之星称号，朱晓祥、马新华、孙艳红、戴洪圣获吴中区中青年学科教改带头人称号。黄菊平、钱家荣获苏州市中小学优秀校本课程一等奖，诸嘉获苏州市交互式电子白板教学课件比赛地理组一等奖，陈华获苏州市初中理科优秀实验教学设计评选一等奖，宋亚美获苏州市初中理科优秀实验教学设计评选一等奖。

2014年，学校加强国际间交流：加拿大苏安国际学校，美国北卡罗莱纳州立大学分别来访。

学校邀请中国极地研究首席科学家杨惠根教授举行科技讲座。

苏州市人民政府教育督导室对江苏省木渎高级中学开展教育综合督导检查，对学校的办学条件、学校管理、师资队伍建设、学生身体素质等方面工作予以肯定。

2014年，学校在高考中取得优异成绩：高三毕业生的本一达线率达50%，本二达线率超90%，创近十年来新高。有1名学生通过复旦大学自主招生考试；2

2014届培东少科班

名学生通过中科大自主招生考试；2名学生通过南京大学自主选拔考试，分别进入数学基地班和理科强化班；1名学生通过上海外国语大学自主选拔考试；1名学生通过中山大学自主招生考试。

2014年，江苏省木渎高级中学有3位同学获"语文报杯"全国中学生作文大赛省级特等奖，21人分获省一、二、三等奖。1位学生获全国创新英语大赛全国一等奖，6人分获华东赛区一、二、三等奖。徐艺帆同学获中国中小学生卡通漫画大赛苏州市一等奖。3名学生获物理竞赛省级赛区一等奖，高旭楸同学进入省代表队，在全国中学生物理竞赛决赛中获铜牌，并与上海交通大学签约，获得进本一线即可录取的优惠条件。6位学生获江苏省物理竞赛一等奖，其中1位为高二年级学生。1位同学获生物竞赛江苏省赛区一等奖，2位同学获省赛区二等奖，金诚开同学进入省代表队，在全国中学生生物学竞赛决赛中获银牌，并与武汉大学签约，获得进本一线即可录取的优惠条件。5位学生获江苏省中学生数学奥林匹克竞赛一等奖，其中2位是高二学生；另有9位学生获二等奖。3位学生获江苏省中学生化学奥林匹克竞赛一等奖。

班会活动

朝气蓬勃的木中学生

2014年，学校培东少科班一年级共有32位同学在江苏省初中"数学文化节"邀请赛中获一等奖，二年级有35人获一等奖；6人获江苏省初三数学应用与创新邀请赛一等奖，4人分别获二等奖、三等奖。徐陈迪获全国创新英语大赛全国一等奖。卢钰丰、肖鹏程、凌晨、王韫、秦磊、张逸凡同学获化学竞赛江苏省一等奖，钱宇偲、吴佳君、潘明慧、姚慧蓉、缪钧怡、朱敏、陆超轶、吴恩泽、丁莹、章怡获化学竞赛苏州市一等奖，朱旦言、丁志屿、钱邹与合获"语文报杯"全国中学生作文大赛省特等奖，徐晴、朱静榆获省一等奖，陆靖怡、彭俞婷、许心怡获全国创新英语大赛华东赛区一等奖，曹晨凯、曾豪、朱云依获江苏省高中学生化学奥林匹克竞赛一等奖。

2014年，江苏省木渎高级中学获苏州市德育先进学校，苏州市中华经典美文吟诵大赛初中集体组特等奖、初中组一等奖，苏州市"普通话、苏州话、英语口语"比赛（高中组团体）一等奖，江苏省五四红旗团委，吴中区红旗团委标兵。

2014年，江苏省木渎高级中学有49个班级，学生1840名。

2014年，全校有在编教职工297人，专任教师287人。其中教授级高级教师

学生走上街头维护公共卫生秩序

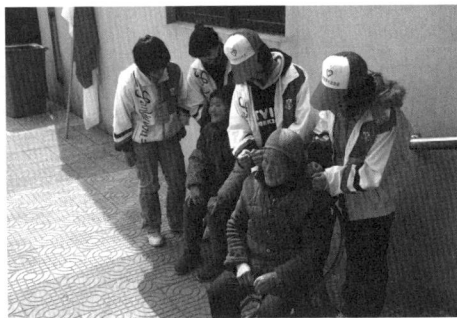
学生开展敬老活动

与中科大续建培东实验班

2人，特级教师4人，中学高级教师129人，中学一级教师103人。

2014年，王海赳获苏州市首届教育领军人才称号，袁兵获江苏省优秀教育工作者称号，沈祖荣、潘珍、钱雪良被评为苏州市中小学学科带头人，范晖、牛波、史俊被评为苏州市"十佳"班主任，师奇铭、沈红获苏州市优秀教育工作者称号，陆芹获苏州市优秀德育工作者称号，黄菊平被评为"感动苏州"百位好母亲，朱萍萍、李霞、何金华、邱霞萍获全国创新英语大赛"优秀辅导老师"称号，师奇铭、潘振嵘被评为吴中区知名教师，蒋育君、邱霞萍、江永红被评为吴中区中青年学科教改带头人，朱晓祥获吴中区优秀团干部称号，陈静、蒋洁、陆胜、俞晓萍获吴中区优秀班主任称号，史菊芳获吴中区优秀德育工作者称号，刘启新被评为吴中区师德标兵，陆弘、金挺被评为吴中区爱生模范，朱其颂、仲伟伟、朱伟、朱丽君、李雅萍、李燕、邱霞萍获吴中区优秀教育工作者称号。

潘莉华获江苏省教学设计竞赛一等奖，黄菊平、周旬月分别获江苏省教师现代教育技术应用作品大赛教学方案中学信息技术组二等奖及教育博客二等奖，李耀辉获苏州市中小学教师把握学科能力竞赛高中语文一等奖，朱雪民、陆胜、李

培东班"科大行"夏令营

雅萍、范莉获高中数学一等奖，王晓娟、吴彬彬获高中物理一等奖，朱芹、王红霞、陆弘获高中政治一等奖，吴萍萍获高中生物一等奖，朱雅红、王晓娟、吴寒冬获苏州市中小学教师微课竞赛特等奖，王海赳获吴中区高考本科率突破奖。

2015 年，学校围绕培育和弘扬社会主义核心价值观，在学生中深入开展爱国主义教育、法制教育、公共道德教育，弘扬中华传统美德。

江苏省木渎高级中学与中国科学技术大学合作的"培东实验基地"，在探索实施中所取得的办学与育人效果，已受到社会、教育界的广泛认同。2015 年，学校在总结与中国科学技术大学合作创办"培东实验基地""培东实验班"取得成功的育人成果基础上，与中国科学技术大学签订继续共建"培东实验班"的协议。

在 2015 年暑期，学校组织"培东实验班"学生走进中国科学技术大学，开展"科大行"夏令营活动。

2015 年，学校在高考取得优异成绩：高三毕业生的本一达线率达 50%，本二达线率达 91.7%，创近十年来的新高，有 4 个高三毕业班的本二达线率为 100%。考分为 400 分以上的有 2 人，高旻萱获理科考分 409 分，位居全省第 60 位，苏州

2016 届培东少科班

大市第四名；朱云依获理科考分 405 分，位居全省第 101 位。

　　2015 年，江苏省木渎高级中学有 1 名高三学生通过复旦大学自主招生考试；2 名学生通过中科大自主招生考试；2 名学生通过南京大学自主选拔考试，分别进入数学基地班和理科强化班；1 名学生通过上海外国语大学自主选拔考试；1 名学生通过中山大学自主招生考试。

　　2015 年，江苏省木渎高级中学有 2 名学生获"语文报杯"全国中学生作文大赛国家级二等奖，8 名学生分别获省特等奖、一等奖。2 名学生获全国中小学生（江苏地区）金钥匙科技竞赛一等奖。孙逸鸣同学入选江苏省代表队，在全国决赛中获银牌，获与北京大学签约录取的优惠，实现我校在北大、清华自主招生中零的突破；2 名同学获国家级一等奖，8 名同学分获省一等奖、二等奖。李庆晨同学获全国中学生物理竞赛（江苏赛区）国家级一等奖，20 名同学分获省级一等奖、二等奖。5 名学生获全国高中生数学联合竞赛（江苏赛区）省一等奖，11 名学生分获省二等奖、三等奖。3 名同学获全国高中化学竞赛（江苏赛区）省一等奖，38 名学生分获省二等奖、三等奖。

　　2015年，学校培东少科班在江苏省初中数学文化节总决赛中，分别取得七年级全省团体第四名、八年级全省团体第六名的好成绩，其中七年级2位学生获得金奖，49名学生分别获省一等奖、二等奖，7名学生获省三等奖；八年级有20名学生获省一等奖，23名学生获省二等奖，7名学生获省三等奖。

　　2015年，江苏省木渎高级中学的"为人生整体教育观指导下的学校心理教育探索"课题被评为苏州市精品课题，并被推荐为江苏省精品课题。学校被评为"江苏省中小学心理健康教育特色学校"，获苏州市"科学提高教育质量奖"。

　　2015年，李建邡获全国劳动模范称号，王海赳获全国中小学生（江苏地区）金钥匙科技竞赛优秀青少年科技教育校长称号，潘振嵘、沈祖荣、郁建石获苏州市名教师称号，钱家荣获吴中教育名家称号。在2015年教师节，王海赳、李建邡获吴中区委、区政府表彰。

　　2016年，江苏省木渎高级中学党总支组织教职工认真学习习近平同志重要讲话精神，学习新的《中小学教师职业道德规范》。广大教师积极参加苏州市"教是为了不教"教改实验，积极探索"高效课堂，有效作业"新途径，深化课堂教

王海赳老师获吴中区委、区政府表彰

李建邠老师获吴中区委、区政府表彰

学改革，致力提高学生自主学习能力。积极推进信息技术与学科课程的整合，探索网络环境下的教学改革，积极参加苏州市生涯规划教改实验。

2016—2017 学年度，江苏省木渎高级中学有教师 279 人，为：安云（政治）、柏建明（英语）、曹建平（语文）、曹世芳（历史）、曹晓彬（物理）、查雪娟（物理）、陈福荣（语文）、陈刚（数学）、陈华（语文）、陈华（物理）、陈惠民、陈瑾（化学）、陈静（数学）、陈伟华（数学）、陈祥书（语文）、陈晓珍（数学）、陈益（英语）、陈允飞（生物）、戴洪圣（地理）、丁仕武（历史）、董益民（英语）、杜美英（数学）、范莉（数学）、范茜（数学）、方莉（数学）、冯永华（物理）、府加玲（语文）、高福龙（数学）、高娟（语文）、高昕、葛建军（信息技术）、顾红华（数学）、顾金凤（英语）、顾彤彤（体育）、顾小萍、顾小煜（历史）、郭白男（地理）、郭胜豪（体育）、何佳（通用技术）、何洁（数学）、何金华（英语）、黄桂平（语文）、黄鹤平（数学）、黄菊平（信息技术）、黄生元（政治）、黄艳（英语）、计建华（信息技术）、季敏（化学）、江永红（物理）、江玉芬（体育）、蒋洁（物理）、蒋金林（美术）、蒋玲（英语）、蒋文清（生物）、蒋育君（语文）、金城（历史）、金惠明（物理）、金秋荣（历史）、金挺（语文）、金文忠（地理）、金效红（语文）、居春华（体育）、琚珍（英语）、孔红芳（政治）、孔新华（数学）、雷兴东（体育）、李爱华（生物）、李宝林（语文）、李冬（数学）、李芳（语文）、李锋（语文）、李刚（数学）、李海平(信息技术)、李灏(物理)、李红(数学)、李慧华(音乐)、李建郇(语文)、李庆华（语文）、李秋芳（英语）、李霞（英语）、李霞琴（语文）、李晓英（信息技术）、李雅萍（数学）、李燕（化学）、李耀辉（语文）、凌松、凌益民（通用技术）、凌云（语文）、刘丽萍（数学）、刘启新（政治）、卢怀跃（化学）、卢月红（英语）、陆弘（政治）、陆红娟（数学）、陆华琴（语文）、陆萍（历史）、陆芹（化学）、陆胜（数学）、陆胜兴（体育）、陆淑华（英语）、陆文明（化学）、陆颖（生物）、陆永珍(体育)、陆友波(英语)、罗俊奇(物理)、吕金秀(物理)、吕敏兰（数学）、马春燕（化学）、马飞（历史）、马莉莉（地理）、马美玲（历史）、马新华（数学）、缪海云（音乐）、倪剑眉（语文）、倪馨（数学）、牛波（生物）、牛勤、潘丽敏（生物）、潘莉华（英语）、潘珍（语文）、潘振嵘（数学）、彭安来（语文）、钱国良（生物）、钱家洪（信息技术）、钱家荣（心理）、钱雪良（化学）、钱志刚（语文）、邱方燕（英语）、邱霞萍（英语）、邱晓华（生物）、任亚南（英语）、荣洪昌（信息技术）、阮春兰(数学)、沈国平(物理)、沈红(政治)、沈红(英语)、沈静芬(英语)、沈立新（英语）、沈秋霞、沈卫斌（物理）、沈雪明（数学）、沈一（语文）、沈铮泓（美术）、沈祖荣（物理）、师奇铭（地理）、施利萍（语文）、石云（地理）、史菊芳（政治）、史俊（语文）、舒琪（语文）、舒苏琛（化学）、宋雯婷（政治）、宋亚美(化学)、苏俭生(化学)、孙国富(数学)、孙建平(化学)、孙夏珍(数学)、孙晓林（物理）、孙艳红（地理）、谈新芳（化学）、唐晓丽（数学）、唐英（化学）、唐瑛（英语）、陶治国（英语）、屠洪康（物理）、王保东（历史）、王芳（物理）、王海赳（数学）、王红霞（政治）、王宏（语文）、王宏敏（历史）、王慧（英语）、王军荣(语文)、王琴弘(生物)、王水娥(地理)、王霞(英语)、王晓秦(地理)、王宣东(物理)、王雪元（数学）、干雅静（历史）、王彦清（化学）、王燕（英语）、翁火明(数学)、翁世荣(数学)、翁文方(政治)、翁逸飞(英语)、吴国洪(体育)、吴寒东(通用技术)、吴昊(信息技术)、吴洁(语文)、吴金才(地理)、吴可峰(英语)、吴萍萍（生物）、吴素芳（语文）、吴亭（数学）、吴兴国（数学）、夏雪峰（数学）、肖云、谢辉业（英语）、徐勤勇（生物）、徐文平（英语）、徐晓东（物理）、徐艳（物理）、许彩芳（数学）、薛珊珊（英语）、严红（英语）、严红平（化学）、杨桂霞(化学)、杨靖(物理)、杨静(化学)、杨乐(音乐)、杨小敏(信息技术)、杨耀荣（历史）、杨茵（化学）、杨永钊（物理）、杨雨洲（语文）、叶虹（英语）、殷丽琼（数学）、殷小红（美术）、於学林（体育）、于方舟（数学）、于舒（生物）、

2016 届高三（1）班毕业照

俞兰、俞晓萍（历史）、虞玲玲（语文）、郁丹（语文）、郁建石（物理）、郁玲洁（地理）、袁兵（英语）、张宝平（生物）、张宏（语文）、张华（化学）、张瑾（化学）、张黎艳（音乐）、张巧珍（语文）、张士群（数学）、张四海（生物）、赵建男（体育）、赵长虎（英语）、郑德志（数学）、郑文磊（数学）、钟玉芬（数学）、仲伟伟（历史）、仲秀芳（英语）、仲尧新（语文）、周春敏（英语）、周谷旸（英语）、周红梅（政治）、周金圣（政治）、周丽琴（语文）、周连根（化学）、周培芳（化学）、周卫（英语）、周文华（英语）、周新玲（数学）、周旬月（语文）、周瑶（政治）、朱宝根（生物）、朱德全（英语）、朱国团（体育）、朱红明（语文）、朱丽君（语文）、朱妹英（心理）、朱萍萍（英语）、朱其颂（体育）、朱芹（政治）、朱瑞宏（体育）、朱寿根（化学）、朱伟（数学）、朱伟东（历史）、朱卫江、朱小燕（英语）、朱晓祥（数学）、朱雪民（数学）、朱雅红（英语）、庄雯佳（语文）、邹斌强（信息技术）、祖海成（语文）。

　　2016 年，江苏省首批普通高中课程基地的"生物多样性探究"建设项目，在推进中已取得阶段性成果。

　　2016 年 12 月 13 日，江苏省教育评估院下发《江苏省星级普通高中复审材料

2016 届高三（11）班毕业照

的评审反馈意见》文件，文件指出：经我院组织专家组评审，认为你校（江苏省木渎高级中学）坚持"以评促建"方针，积极改善办学条件，重视推进内涵建设，努力提高教育质量，较好促进学校优质、特色发展，取得了一定评建效果。

2016 年，学校在高考中再创辉煌：高三毕业生考分获 400 分以上的有 6 人，创近六年以来新高；凌晨同学以 416 分的高分进入全省前 100 名；孙逸鸣同学以在生物奥赛和高考中的优异成绩，被北京大学录取；邹旦、凌晨同学分获吴中区高考文理科状元。高二年级马安琦同学以 385 分被中国科学技术大学少年班录取。

2016 年，梅奕松同学在全国中学生生物竞赛（江苏赛区）中获银牌，李庆晨同学获铜牌。4 位同学获全国中学生生物学联赛（江苏赛区）二等奖（省一等奖），3 位同学获二等奖（省二等奖）。李庆晨同学获全国中学生物理竞赛（江苏赛区）一等奖（国家级一等奖），并进入省代表队，在决赛中获得铜牌。11 位同学分别获一等奖（省一等奖）、二等奖（省二等奖）。2 位同学在全国高中数学联合竞赛（江苏赛区）中获一等奖（省一等奖），8 位同学分别获二等奖（省二等奖）。4 位同学在全国高中化学竞赛（江苏赛区）中获省一等奖，13 人获省二等奖。4 位同学在"吉

2017 届高三（1）班毕业照

2017 届高三（12）班毕业照

豪情满怀的木中学生

奔跑吧，木中学生

尔多肽"杯全国化学竞赛中获省级一等奖，40 位同学分获省二等奖、三等奖。

2016 年，教师在各级各类刊物发表论文 70 多篇，在各级各类成果评比中获奖 30 多项，其中省教育科研优秀成果三等奖 1 项，市哲学社会科学优秀成果三等奖 1 项。

2016 年，江苏省木渎高级中学制定的"十二五"期间规划课题中，有 3 项省级规划课题、7 项苏州市级课题和若干其他课题，已部分结题。苏州市立项课题"心理视野下的生命教育探索"已完满结题。

2017 年，是江苏省木渎高级中学创办 80 周年（发轫 110 周年）的校庆年。学校向师生、社会各界、国内外校友、友好学校发布告示，决定于 2007 年 10 月 7 日，举办庆祝江苏省木渎高级中学创办 80 周年（发轫 110 周年）校庆活动。

2017 年，学校继续铸就办学辉煌，在高考中再创优异成绩：高考考分 400 分以上的 2 人，本科率近 100%；一些在高考取得优异成绩的毕业生，分别被国内重点高校录取。

全校教职员工信心满怀、精神奋发，决心努力传承学校在流传近 110 年创办近 80 年中所凝成的优良办学传统，继续弘扬顽强拼搏、甘于奉献、务实有为、砥砺奋进的办学精神，在校党总支、校行政班子的带领下，坚持以党的十八大，十八届三中、四中、六中全会精神为指导，以德育为先、能力为重、全面发展的教育理念为引领，以立德树人为学校工作的根本任务，以提高教育教学质量为学校工作中心，凝心协力聚焦课堂，全面推进素质教育，全面深化课程改革，在彰显教育教学特色上下功夫，进一步全面提高教育教学质量，努力争创国内一流、国际知名的江苏省首批高品质高中。

十、学校沿革一览表

公立灵岩初等小学堂（1907.1—1912.2）

校址：木渎镇山塘街"保节局"。

私立吴西初级职业中学（1937.1—1937.12）

校址：木渎镇山塘街"保节局"。

私立灵岩初级中学（1945.9—1947.8）

校址：道堂浜（1945年）、小开当（1946年起）。

吴县县立初级实用职业学校（1947.8—1950.8）

校址和实习基地：道堂浜及庙场。

吴县初级农蚕技术学校（1950.9—1952.8）

校址和实习基地：道堂浜及庙场。

吴县初级中学（1952.9—1954.8）

校址：道堂浜及庙场。

吴县县立木渎中学（1954.9—1955.7）（增设高中部）

校址：道堂浜及庙场（后改名为翠坊南街16号）。

苏州市木渎初级中学（1955.7—1958.8）

校址：道堂浜及庙场（后改名为翠坊南街16号）。

吴县木渎中学（1958.9—1969.1）（设立高中部）

校址：道堂浜及庙场（翠坊南街16号）。

（1962年9月起，迁至吴县师范学校东街校址。）

（1968年9月起，迁回道堂浜及庙场原校址。）

吴县动力厂木渎五七学校（1969.1—1970.9）

校址：道堂浜及庙场校址（翠坊南街16号）。

吴县木渎中学（1970.9—1996.6）

校址：道堂浜及庙场校址（翠坊南街 16 号）。

成为吴县重点中学（1978.2）

成为江苏省首批重点中学（1980.12）

成为苏州铁道师院附属中学（1988.9）

更名为江苏省木渎高级中学（1996.6）

校址：道堂浜及庙场校址（翠坊南街 16 号）。

成为国家级示范性普通高中（1999.4）

成为江苏省首批四星级高中（2004.3）

江苏省木渎高级中学搬迁新校址（2006.1）

校址：灵天路 588 号。

十一、创始人、历任校长、书记（负责人、副校长）名录

公立灵岩初等小学堂（1907.1—1912.2）

创办人：顾肇熙。

私立吴西初级职业中学（1937.1—1937.12）

校长：冯心友（1937 年 8 月—1937 年 12 月）。

私立灵岩初级中学（1945.9—1947.8）

校董会：叶玉如、柳惠馨、汪德盛、惠又熙、周仲和、曹尧臣。

校长：曹尧臣（1945 年 9 月—1947 年 8 月）。

吴县县立初级实用职业学校（1947.8—1950.8）

校长：郑家瑞（1947 年 8 月—1950 年 8 月）。

吴县初级农蚕技术学校（1950.9—1952.8）

校长：陆文豪（1950 年 9 月—1951 年 9 月）。

代理校长：郭彬祺（1951 年 9 月—1952 年 8 月）。

吴县初级中学（1952.9—1954.8）

校长：郭彬祺（1952 年 11 月—1954 年 8 月）。

吴县县立木渎中学（1954.9—1955.7）

校长：郭彬祺（1954 年 9 月—1956 年 8 月）。

副校长、党支部副书记：汪毓萍（1955 年 9 月—1955 年 7 月）。

苏州市木渎初级中学（1955.7—1958.8）

主持工作：汪毓萍（1955 年 9 月—1957 年 4 月）。

党支部书记、副校长：汪毓萍（1957 年 4 月—1958 年 9 月）。

吴县木渎中学（1958.9—1969.1）（设立高中部）

党支部书记、副校长：汪毓萍（1958 年 9 月—1961 年 8 月）。

副校长：韩秉直。

党支部副书记、副校长：吴敏娟（1961 年 8 月—1961 年 10 月任党支部副书记，1961 年 8 月—1963 年 1 月任副校长）。

党支部书记：吴敏娟（1961 年 10 月—1968 年 7 月）。

校长：高鹤松（1963 年 1 月—1966 年 4 月）。

革命委员会第一副主任：吴敏娟（1968 年 7 月—1969 年 6 月）。

革命委员会第二副主任：朱焕清、李凤林。

吴县动力厂木渎五七学校（1969.1—1969.9）

革命委员会主任委员：方志良（兼）（1969 年 6 月—1969 年 9 月）。

革命委员会第一副主任委员：吴敏娟；第二副主任：卫关龙、朱焕清。

吴县木渎中学（1969.9—1996.6）

党支部副书记：吴敏娟（1969 年 12 月—1972 年 3 月）。

党支部书记兼革委会主任：徐雄山（1972 年 3 月—1973 年 12 月）。

革委会副主任：朱焕清（1972 年 3 月—1973 年 12 月）。

党支部书记兼革委会主任：许诚意（1973 年 12 月—1979 年 3 月）。

革委会副主任：王其仁。

革委会副主任：王锋。

副校长、党支部副书记：何钰。

校长、党支部书记：许诚意（1979 年 3 月—1980 年 12 月）。

副校长：何钰、范钦逊。

副校长、党支部副书记（主持工作）：何钰。

副校长：范钦逊、俞觉先。

副校长、党支部副书记：顾兆康。

（1982 年 9 月，副校长范钦逊调离，任吴县文教局副局长。）

校长、党支部书记：马澄玉（1985 年 3 月—1990 年 8 月）。

（1990 年 8 月，马澄玉调任吴县文教局副局长。）

副校长、党支部副书记：何钰（1985 年 3 月—1986 年 8 月）。

副校长：俞觉先。

（1985 年 8 月，副校长、党支部副书记顾兆康调任吴县木渎第二中学党支部书记。）

党支部副书记：储忠林。

副校长：赵季康（1986 年 2 月—1990 年 8 月）。

党支部书记：储忠林（1990 年 8 月—1992 年 8 月）。

党支部副书记：赵季康（1990年8月—1993年2月）。

校长：赵季康（1990年8月—1995年8月）。

副校长：吴鸿泉、黄振福。

党支部书记：赵季康（1993年2月—1995年8月）。

党支部副书记：吴鸿泉（1993年2月—1994年6月）。

党总支书记：赵季康（1994年6月—1995年8月）。

党总支副书记：吴鸿泉（1994年6月—1995年8月）。

（1995年8月，赵季康调任吴县文教局副局长。）

校长、党总支书记：吴鸿泉（1995年8月—2003年11月）。

副校长：黄振福、陆明观、陈泽诞、陆忠源。

党总支副书记：陈泽诞。

副校长：陈泽诞、陆忠源。

校长、党总支副书记：顾志红（2002年3月—2003年11月）。

党总支书记：吴鸿泉（2002年3月—2003年11月）。

副校长：王海赳、李建邡、陆忠源。

校长、党总支书记：顾志红（2003年11月—2009年3月）。

党总支副书记：陆忠源（2003年11月—2004年8月）。

（2003年11月，顾志红任吴中区教育局副局长。）

副校长：李建邡、王海赳。

副校长（主持学校工作）：王海赳（2009年3月—2009年8月）。

党总支书记、校长：王海赳（2009年8月—　　）。

副校长：李建邡、殷永德。

（2010年7月，殷永德另有任用，不再担任副校长。）

副校长：李建邡、范金元、金惠明、黄生元、徐晓东。

（2012年5月，程朝阳任吴中区教育局副局长，不再任校长助理。）

副校长：李建邡、金惠明、黄生元、徐晓东。

（2013年9月，范金元任东山中学党支部书记、校长，不再任副校长。）

十二、创始人、历任校长、书记
（负责人）简介

冯桂芬（1809—1874），字林一，号景亭。清末朝廷重臣，政论家。明代起祖居吴县木渎。为木渎高级中学前身校址——木渎"保节局"及义塾创办人。

1832年（道光十二年）乡试中举。曾拜林则徐为师。1840年（道光二十年）中一甲二名进士，即榜眼及第。后授翰林院编修，广西乡试正考官、奉政大夫、右中允等职。

冯桂芬重视经世致用之学，主张改革时政。所著《校邠庐抗议》，被誉为启资产阶级改良派之先河之作。冯桂芬提出的"以中国之伦常各教为根本，辅以诸国富强之术"言论，成为洋务派"中学为体，西学为用"思想的先声。

晚年归隐后，致力为家乡办学、编志，曾主讲苏州紫阳、正谊等书院，开办志局编《苏州府志》，还以极大精力创办慈善机构，与长子冯芳辑（曾官至监察御史）、次子冯芳植（曾官至州府知府）创办"同善会"，先后办有：一仁堂、义仓、洗心局、保息局、化良局等。保节局，是专门为抚恤寡妇而设。冯桂芬逝世后，长子冯芳辑在"保节局"设义塾，《吴县志》记有："（冯芳辑）立义塾以惠孤寡，尤好结纳，有原尝之风。"

冯桂芬卒于1874年（同治十三年），故居在木渎镇下塘街，墓在天池山北鸡窠岭。

顾肇熙（1841—1910），字皞民，号缉庭，吴县人。晚年隐居木渎。同治甲子科举人，曾官任工部主事、惠陵工程监修。后历任吉林分巡道、陕西凤邠盐法道、按察使衔台湾道、台湾布政使等职。是木渎高级中学前身——公立灵岩初等小学堂的创办人。

光绪六年（1880），经李鸿章保奏，顾肇熙任吉林分巡道道员。顾肇熙上任后即修学宫，建义学，兼任吉林崇文书院山长（院长），亲自上课讲解经世之学。学子颂曰："（顾公）博极群书，长于经世之学，朝夕讲解，娓娓不倦。"

顾肇熙后任陕西凤邠盐法道、按察使衔分巡台湾兵备道。1894 年（光绪二十年），顾肇熙接任台湾布政使。第二年，被建议任台湾割让予日本事宜之"全权大使"，他以"受瘴抱病，乞准回籍就医"为由弃位他走。因不堪目睹朝廷腐败，于 1906 年正式辞官，隐居于木渎镇。

隐居木渎时，顾肇熙把一腔热血洒于在乡里办学堂、办慈善之中，在木渎镇成立负责"修造桥梁、掩埋暴露、施送衣药、督办学堂"事宜的"自治会"，凡所办学堂，顾肇熙无不一一过问，遇有问题即亲自督办。凡办学资金有困难，顾肇熙慷慨"捐巨资不赘，独开风气之先"。

1907 年，顾肇熙响应官衙"籍绅之力……以谋教育普及"之劝谕，带头慷慨捐资，举办了现木渎高级中学的前身——公立灵岩初等小学堂。

严良灿（1874—1942），字子绚。木渎著名民族工商实业家。是曾任台湾国民党政府副总统、行政院院长、总统严家淦的大伯。私立吴西初级职业中学主要创办人。

严良灿子承父业在木渎经商，先后开设了酱行、粮油酒酱店、中药店、碾米厂、发电厂，成为木渎一方巨富。

但严良灿富而不奢，毕生乐善好施为民造福，致力慈善公益事业，为当地乡民们做好事。先后为木渎乡民投资办发电厂，修桥补路，成立救火会，成立善济堂、代赈会等慈善机构，为孤寡老人和教师发放生活补助费。严良灿又注重乡村教育，买田 300 余亩作为学田，以为木渎所办义学的经费来源。

1937 年初，严良灿与多名热衷办学的乡绅，共同创办私立吴西初级职业中学，这也是木渎近代教育史上创办的第一所实施实业教育性质的中学。

1942 年，于苏州十梓街居所逝世，享年 68 岁。

冯肇桂（1900—1944），字秋农。木渎爱国乡绅。为木渎高级中学前身——私立吴西初级职业中学创办人之一。

少年时，在木渎公立初等小学堂读书 4 年，后在苏州读书，毕业于苏州"草桥中学"（江苏省立第二中学）。而后在木渎乡村教书。曾赴日本留学多年。与同盟会人员有所来往，激起爱国情怀，立下办学、办实业强国的志向。

在苏州时，与著名文人程瞻庐、赵眠云、范烟桥、郑逸梅等组织"白社"文学社，冯肇桂自任社长。他们举办爱国刊物，设"国耻谭"专栏。冯肇桂与程瞻庐、赵眠云、范烟桥、郑逸梅共同撰稿，发表反帝救国的文章，如《鸦片战争使我国弱种贫民》《英法联军使中国丧权辱国》《日本侵占台湾琉球》，后结集为《国耻写真记》。

在参与家乡木渎的抗日救亡运动时，与严良灿等乡绅决议办一所农业职业学校——私立吴西初级职业中学，冯肇桂为校董会成员。木渎沦陷，学校停办后，出走大后方，在四川自流井金库供职，后在上海工作，因患病误诊逝世。

叶玉如（1900—2000），木渎镇人。吴门中医传人，民主人士。为木渎高级中学前身——私立灵岩初级中学创办人。

系南宋文学家叶梦得后裔。幼时即蒙习祖宗医术。在大儿子叶奕昌于上海东南医学院学成毕业后，又从大儿子处学得西医诊疗方法，成为木渎第一个以中西医结合的治疗方法，运用西药及西医治疗手段治病之医生。他怀仁者济人之心，曾专门饲养一匹马，为不耽误病人的病情，往往策马出诊，挽救了众多危急病人的生命。

叶玉如还抱有教育救国济民愿望，1937 年 8 月，在抗日烽火燃到木渎时，他牵头与乡贤一起创办私立灵岩初级中学。木渎沦陷时，他秘密加入太湖游击队，成为游击队木渎联络站站长，他以行医为掩护，从事情报收集、策反、联络等工作。木渎解放前夕，他又将诊所作为木渎地下党组织的秘密活动点，为木渎解放做出重大贡献。

解放初期，叶玉如先生不计职务高低，甘愿留在郑家瑞办的吴县县立初级实用职业学校中，担任不拿薪水的校医。后曾以民主进步人士身份，担任过木渎镇人民政府一届副镇长。

冯心友，生卒年不详，木渎乡绅。私立吴西初级职业中学校长。

1937 年 1 月，私立吴西初级职业中学创办时，为创办人，也任教师。1937 年 7 月 7 日，卢沟桥事变后，参与抗敌后援活动。1937 年 8 月，任私立吴西初级职业中学校长。至 1937 年 11 月，学校遭日机轰炸，12 月，学校关门停办。冯心友仅任 4 个月校长。

曹尧臣，生卒年不详，木渎人。私立灵岩初级中学校长。

1944 年 7 月，叶玉如先生等筹备成立私立灵岩初级中学，学校组成校董会，曹尧臣为董事之一。1945 年 9 月，私立灵岩初级中学成立，曹尧臣任校长兼教员。至 1947 年 8 月，学校停办。

郑家瑞（1909—　　），吴县人。蚕种专家。吴县县立初级实用职业学校创办人。

出身吴县浦庄农家，毕业于国立浙江大学农学院蚕桑系。历任中国合众蚕桑改良会苏州蚕种制造场场长、中国蚕丝公司镇江蚕丝研究所主任、镇江明明蚕种制造场场长等职。

抗战期间，因任职的中国蚕丝公司镇江蚕丝研究所和镇江明明蚕种制造场被日伪强行接收，立誓不为日寇效劳，毅然辞去公职，回家乡浦庄行医谋生。

抗战胜利后，郑家瑞先生有感于自己生于贫寒农家，是在师友资助下才得以接受高等教育，遂立下以办学之举报效桑梓之愿。1947 年 9 月，郑家瑞先生创办吴县县立初级实用职业学校，并将 28 根金条的私人积蓄，全部捐给学校作为办学费用。

木渎解放后，郑家瑞先生即主动将学校移交给人民政府，并即辞去校长职务，不计职务高低，甘愿留在学校任校医。

1957 年，郑家瑞先生当选为苏州市郊区人民代表。1963 年至 1966 年，任吴县政协常委。1978 年又继续担任吴县政协常委。1987 年后，在家安度晚年。郑家瑞先生一直以赤诚之心，关注木渎中学的变化发展，曾亲自撰写木渎中学校史概况。

陆文豪（1919—　　），吴县人。1950 年 9 月至 1951 年 9 月任吴县县立初级农蚕技术学校校长。

毕业于中央大学化学系。曾任上海市政府科员、私立光华中学教员。1947 年 8 月，吴县县立初级实用职业学校成立，陆文豪为教导主任兼化学教员。1949 年 5 月，参加将学校移交给人民政府的移交事宜。1950 年 9 月，吴县县立初级实用职业学校与吴县光福私立蚕科学校合并，改名为"吴县县立初级农蚕技术学校"时任校长，至 1951 年 9 月。

郭彬祺（1921—　　），吴县人。1951 年 9 月至 1956 年 8 月先后任吴县县立初级农蚕技术学校代理校长、吴县初级中学校长、吴县县立木渎中学校长。

毕业于中央大学农艺系，又肄业于金陵大学农艺学研究所。1949 年 7 月，被聘为吴县县立初级农蚕技术学校教员。1950 年 9 月起，任教导主任。1951 年 9 月至 1952 年 8 月，为吴县县立初级农蚕技术学校代理校长。1952 年 11 月至 1954 年 8 月任吴县初级中学校长。1954 年 9 月起，任吴县县立木渎中学校长。

1956 年 8 月，被公派至南京大学学习深造，不再担任吴县县立木渎中学校长。

汪毓萍（1925—　　），苏州人。1955 年 9 月至 1961 年 8 月，担任木渎中学党政领导工作。

毕业于东吴大学英语系。1950 年参加工作，1952 年加入中国共产党。历任苏州苏民中学、振华女中、市立女中、苏州市三初中、苏州市二中、苏州市五中英语教师、教导处副主任。

1955 年 9 月至 1961 年 8 月，历任木渎中学党支部副书记、副校长，主持学校工作。任教英语。

1961 年 9 月调吴县中学任党支部副书记、副校长。后任苏州市二中副校长、苏州师范革委会副主任。退休后，参加中共苏州市委统战部编史工作。

高鹤松（1928—　　），江苏靖江人。上世纪 60 年代任吴县木渎中学校长。

1950 年毕业于吴江乡村师范学校。历任吴县畜牧兽医学校、吴县师范学校校长。1963 年 1 月至 1966 年 4 月，任吴县木渎中学校长。

1966 年 5 月至 1970 年 11 月，任吴县农业高级中学校长。1970 年 12 月至 1974 年 1 月，任吴县革委会五七师训班领导小组副组长。1974 年 2 月至 1978 年 1 月，任吴县文教局教育组负责人。1978 年 2 月起，任吴县文教局副局长。1988 年 11 月退休前，任吴县职业教育办公室主任、吴县电视大学党支部书记。

吴敏娟，上世纪 60 年代至 70 年代任学校党政领导。

太仓师范学校毕业。任教政治课。1961 年 8 月至 1961 年 10 月，任吴县木渎中学党支部副书记。1961 年 8 月至 1962 年 9 月，任副校长。1961 年 10 月至 1968 年 7 月，任党支部书记。1968 年 7 月至 1969 年 6 月，任学校革命委员会第一副主任。

1969 年 6 月至 1969 年 9 月，任吴县动力厂木渎五七学校革命委员会第一副主任委员。1969 年 12 月至 1972 年 3 月，任吴县动力厂木渎五七学校及吴县木渎中学党支部副书记。

徐雄山（1926—　　），淮阴人。1972 年 3 月至 1973 年 12 月，任吴县木渎中学革委会主任兼党支部书记。

1949 年随中国人民解放军渡江南下，留驻吴县工作，历任区文教助理员、区政府秘书、副区长、区长、区委书记，中共吴县县委文教部部长、宣传部部长、农村政治部主任。"文革"中受到冲击。后任中共吴县胜浦公社党委书记、革委会主任。

1972 年 3 月 5 日，由吴县革命委员会政治工作组任命，调任为木渎中学革委会主任兼党支部书记。1973 年 12 月，由吴县革命委员会政治工作组调任吴县革委会政工组副组长。后任中共吴县县委组织部部长、纪委书记、县委副书记、吴县人大常委会主任。

许诚意（1929—　　），吴县人。1973 年 12 月至 1980 年 12 月，担任吴县木渎中学党政领导工作。

1949 年 4 月参加工作，1955 年 4 月加入中国共产党。历任吴县木渎棉布业经理，木渎商业工会主席、企业管理处负责人，中共木渎镇委员会文书，木渎镇团委书记，中共木渎镇委组织委员，吴县团委青工部长，吴县金庭公社党委委员、革委会副主任。

1971 年 12 月 23 日起，为吴县金山公社党委副书记、革委会副主任。

1973 年 12 月 23 日，任吴县木渎中学党支部书记兼革委会主任。1979 年 3 月 12 日，任木渎中学校长。1980 年 12 月 19 日，免去党支部书记、校长职务。1981 年 3 月退休，1981 年 3 月后在吴县退休党校工作。

何钰（1930—　　），无锡人。1978 年 3 月至 1986 年 8 月，担任吴县木渎中学党政领导工作。

毕业于苏州女子师范学校。1949 年 8 月参加革命工作。1956 年 7 月加入中国共产党。历任吴县浒关小学教师、副教导主任，吴县初等师范学校、黄埭中学教师、副教导主任，吴县红旗农业大学教师，吴县师范学校教导主任，吴县县中教导主任，吴县东山中学教导主任，吴县党校理论教研组组长，吴县东山中学党支部副书记、革委会副主任。

1978 年 3 月，任吴县木渎中学副校长、党支部副书记。1979 年 3 月，任副校长。1980 年 12 月起，任副校长、党支部副书记（主持工作）。1985 年 3 月至 1986 年 8 月，任副校长、党支部副书记。

马澄玉（1942—　　），苏州人。1985 年 3 月至 1990 年 8 月，担任木渎中学党政领导工作。

1963 年毕业于南京师范学院数学系。1980 年 10 月加入中国共产党。历任吴县东渚中学教导主任、校长、党支部副书记，吴县木渎二中校长、党支部副书记，吴县文教局教育股股长等职。1985 年 3 月至 1990 年 8 月，任吴县木渎中学校长、党支部书记。

1990 年 8 月，调任吴县文教局副局长。

赵季康（1943— ），江苏江阴人。1986 年 2 月至 1995 年 8 月，担任木渎中学党政领导工作。

毕业于江苏师范学院数学系。1964 年 8 月参加工作。1985 年加入中国共产党。1980 年 8 月进入吴县木渎中学任教师。1986 年 2 月，任木渎中学副校长。1990 年 8 月，任木渎中学党支部副书记。1990 年 8 月，任木渎中学校长。1993 年 2 月，任木渎中学党支部书记。1994 年 6 月，任中共吴县木渎中学党总支书记。1995 年 8 月，免去吴县木渎中学校长、党总支书记，任吴县教育局副局长。1995 年 9 月，任吴县教育局党委委员兼副局长。

储忠林（1939— ），1986 年 1 月至 1992 年 8 月，担任木渎中学党政领导工作。

上世纪 50 年代毕业于苏州中学。1962 年毕业于江苏师范学院物理系，分配至武进县新桥中学任教。1972 年 9 月，调入吴县木渎中学，任高中物理教师。1980 年，任物理教研组组长。1985 年，任教导处副主任。1986 年 1 月，任党支部副书记。1990 年 8 月，任党支部书记。1992 年 8 月，调入苏州市第十中学任副校长，不再担任木渎中学党支部书记。

吴鸿泉（1945— ），1993 年至 2003 年，担任木渎中学党政领导工作。

1974 年为吴县木渎中学教师。1980 年任学校团总支书记。1985 年加入中国共产党，任政治教研组副组长。1990 年任学校政教处主任。1991 年 8 月，任吴县木渎中学副校长。1993 年 2 月，任吴县木渎中学党支部副书记。1994 年 6 月，任党总支副书记。1995 年 8 月，任吴县木渎中学校长、党总支书记。1996 年，被授予江苏省优秀共产党员称号。1997 年，被授予吴县市劳动模范、苏州市劳动模范称号。1998 年，被评为江苏省优秀教育工作者。2000 年，任江苏省木渎高级中学党总支书记、校长。2002 年 3 月至 2003 年 11 月，任江苏省木渎高级中学党总支书记。

顾志红（1966— ），2002 年至 2009 年，担任江苏省木渎高级中学党政领导工作。

扬州师范学院毕业。1988 年至 1991 年，在吴县中学任教。1991 年至 1998 年，在江苏省木渎高级中学任教，任政教处主任。1998 年至 2002 年，任吴中区东山中学校长、党支部书记。2002 年至 2009 年，任江苏省木渎高级中学校长、党总支书记（获华东师范大学硕士学位和华东师范大学教育科学院博士学位）。

先后被评为吴县市优秀教育工作者、吴县市优秀班主任、苏州市优秀德育工作者、苏州市德育先进工作者，获苏州市教科研学术带头人、苏州市名校长称号。苏州市人民代表大会代表，苏州教育法制研究会理事会理事。

2003 年至 2009 年，任吴中区教育局副局长。2009 年，任苏州太湖国家旅游度假区社会事业局副局长。

王海赳（1966—　　），2009 年 3 月起主持学校工作。2009 年 8 月起，任江苏省木渎高级中学校长、党总支书记。

1981 年至 1984 年，在木渎中学高中读书。1988 年，毕业于苏州大学数学系本科，理学学士。毕业后即在木渎中学任教。2009 年 3 月—2009 年 8 月，任副校长（主持学校工作）。2009 年 8 月起，任校长、党总支书记。

江苏省数学特级教师。先后被授予吴县市、苏州市数学学科教改带头人，吴县市名教师，苏州市十杰教师，苏州市教育领军人才，苏州市名教师，苏州市名校长，全国优秀青少年科技教育校长，全国优秀教师，全国模范教师称号。记苏州市二等功，被确定为省 333 工程培养对象，江苏省金钥匙科技竞赛优秀科技辅导员，中国数学奥林匹克高级教练员。苏州市优秀专业技术拔尖人才。获苏州市"十一五"科研成果奖一等奖。2013 年 12 月，兼任吴中区教育局副局长。2016 年 11 月，兼任中共吴中区委教育工委副书记、吴中区教育局副局长。

图书在版编目（CIP）数据

桃李灼灼立千秋：江苏省木渎高级中学校史 / 王海赳
主编 . —上海：文汇出版社，2017.10
ISBN 978-7-5496-2349-5

Ⅰ . ①桃… Ⅱ . ①王… Ⅲ . ①木渎高级中学－校史
Ⅳ . ① G639.285.33

中国版本图书馆 CIP 数据核字（2017）第 243102 号

桃李灼灼立千秋：江苏省木渎高级中学校史

主　　编 / 王海赳
著　者 / 高一鸣
责任编辑 / 吴　斐
装帧设计 / 周　丹

出版发行 / 文匯 出版社
　　　　　上海市威海路755号
　　　　　（邮政编码200041）
印刷装订 / 苏州市大元印务有限公司
版　　次 / 2017年10月第1版
印　　次 / 2017年10月第1次印刷
开　　本 / 787×1092　1/16
字　　数 / 100千
印　　张 / 11

ISBN 978-7-5496-2349-5
定　　价 / 39.00元